I0184631

LES SEPT S...

COMÉDIE
EN CINQ ACTES ET EN VERS,

OUVRAGE POSTHUME

DE P. F. N. FABRE D'ÉGLANTINE.

Représentée, pour la première fois, sur le Théâtre Français de la République, le premier jour complémentaire de l'an 7.

A PARIS,
Chez les Libraires qui vendent les Nouveautés.

AN HUITIÈME.

PERSONNAGES.	ACTEURS.
ARAMINTE, veuve, mere d'Alexis,	la C. Thenard.
ALEXIS, fils d'Araminte, éleve d'Ariste, & âgé de douze ans,	la C. Vanhove.
JULES, neveu d'Araminte, éleve de Timante, & âgé de onze ans,	la C. Mars cadette.
DAMIS, frere d'Araminte, ancien Marin,	le C. Grandmenil.
ARISTE, Précepteur d'Alexis,	le C. Baptiste aîné.
TIMANTE, Précepteur de Jules,	le C. Damas.
CHRISALDE, ami d'Ariste,	le C. Caumont.
LUCRECE, femme de compagnie & de chambre d'Araminte,	la C. Devienne.
JACQUETTE, servante de Chrisalde,	la C. Lachassaigne.
UN COMMISSAIRE,	le C. Berville.
Quatre Hommes de la force publique, BEAUPRÉ, valet d'Araminte,	Personnages muets.

La Scene est à Paris, & se passe, aux premier, deuxieme, troisieme & cinquieme Actes, chez Araminte ; & au quatrieme Acte chez Chrisalde. L'Action commence à six heures du matin, à finit à minuit, époque du tiers de l'hiver.

CARACTERES ET COULEURS DES ROLES.

ARAMINTE. Femme à prétention, un peu ardente, jamais triste, jamais dolente, mais minaudiere : femme ayant un fonds de bon naturel, mais esclave & dupe de tout ce qui promet des jouissances artificielles & promptes; sentimentale par tempéramment, & passionnée par manie du sentiment; d'un ton noble, élégant; mais facile, aisé : femme crédule & bonne, & n'oubliant rien pour rendre ridicule tout ce que la nature lui a départi de bon & de louable.

ALEXIS. Enfant charmant, gai, franc, libre, plein des graces que donne la nature ; privé de celles de l'art, & des convenances sociales; hardi, mais doux, simple; fortement empreint de cette fierté mâle que donne le genre d'éducation qu'il reçoit ; mais, avec cela d'une naïveté, d'une confiance extrêmes : tout est sentiment chez lui, joie, douleur, plaisir, souffrance, privation, jouissance, espérance, désespoir ; c'est l'enfant de la nature.

JULES. Enfant gâté par l'éducation; malicieux, gourmand, absolu, poltron; se ressentant, dans le ton, de la fréquentation des valets; faux, menteur, insolent, effronté, mauvais sujet autant qu'un enfant peut être.

DAMIS. Marin brusque, d'une franchise qui va jusqu'à la grossiéreté ; mais au fond, homme plein de raison, de jugement & d'expérience, colere, emporté, mais bon; avec cela, sensible. Son ton est de vouloir toujours se modérer quand la passion l'anime, & de n'en éclater que plus vivement après les premiers efforts. Ce genre doit avoir une couleur comique.

ARISTE. Honnête homme sensible, plein d'esprit & de génie ; philosophe profond ; vrai sage, sans folie, mais assez gai; observateur, sans ménagement pour tout ce qui est fausseté & corruption, ce qui le rend caustique, amer même ; il doit alors, par respect pour lui-même, adoucir le piquant de la raillerie, par un diction noble, & propre à ne pas donner prise à son adversaire; sensible & plein de feu pour tout ce qui est bon & beau ; il a une grande élévation d'ame, le ton sévère, mais aimable dans sa nature.

TIMANTE. Homme pervers, méchant, ayant de l'esprit; connoissant les travers du siecle sur ce qu'on appelle *esprit*, & s'en servant avec goût à son avantage; souple, flatteur, mais toujours avec malignité; sensuel, & en conséquence, facile à se laisser dominer par ses passions; malicieux, mais perdant la tête aisément, soit par vanité, soit par l'effet de l'imagination. La couleur de ce personnage est, dans le personnel, une propreté serrée & coquette; dans les manieres, une élégance à prétention; & dans l'accent, le parler pointu quand il est fourbe, & l'amertume quand il est hors de lui, même de l'insolence.

CHRISALDE. Homme plein de probité & de franchise; bon, honnête, simple, sans beaucoup de lumieres, croyant, mais un franc parisien; honnête homme, chaleureux, & plaisant à la parisienne.

LUCRECE. Femme d'esprit, expérimentée, fine, adroite, corrompue, ayant reçu une double éducation: celle de l'enfance qui paroît dans son style lorsqu'elle est seule & point sur ses gardes; cette éducation est négligée, populaire, & même triviale quelquefois. Lorsqu'elle prend garde à elle, sa diction est plus épurée, plus recherchée, son ton plus décent. Elle est un des principaux personnages de la piece, & ce qu'on appelle une femme de tête, toujours douée d'une grande présence d'esprit: en conséquence, ce rôle doit être joué avec une maniere nette, tranchante, gracieuse & fortement sentie.

JACQUETTE. Bonne servante parisienne, ancienne & familiere dans la maison; ayant ses prétentions, & frappée en conséquence, non de ce qui est bon, mais de ce qui plaît; habitude du pays parisien.

UN COMMISSAIRE. Homme de pratique; homme à prévention, & se donnant carriere en conséquence: du reste, le style, le ton, l'importance & la souplesse des agens de ce genre; peureux, ainsi que ses satellites; malicieux & stupide.

LES PRÉCEPTEURS.

ACTE PREMIER.

Le Théâtre représente un sallon. Sur le côté gauche de l'Acteur, est une cheminée où se voit un feu allumé : sur le même côté, une table de déjeûné couverte de choses détaillées dans la première scène : sur le côté droit de l'Acteur, est une table en bureau à tiroir, & garnie : une pendule sonnante.

SCENE PREMIERE.

LUCRECE seule.

LA crême au bain-main, & café de Moka,
Le sucre, les biscuits, & puis le Malaga;
Encor, dans ce flacon, un reste d'Alicante;
C'est fort bien ; tout est prêt ; il peut venir, Timante;
   (*Elle s'assied.*)
Je crois que celui-ci ne me trompera pas.
Quand on voit défiler ses ans & ses appas,
Il faut faire une fin, clorre ses aventures,
Et, pour dernier succès, prendre bien ses mesures.
Avec cet homme-ci je n'ai rien à risquer ;
Bien qu'il ait de l'adresse & sache se masquer,
Il a du bon. Il est aimable & jeune encore.
Le desir du bien-être en tout sens le dévore ;
Rien n'est plus naturel ; il cherche à se caser,
Mais plutôt pour jouir que pour thésauriser ;
Car il est sensuel comme une homme d'église.
Pas de mal-à cela : l'esprit de mignardise
Rend l'homme dépendant de la femme, au logis ;
Et Monsieur se dorlotte, alors que je régis.
Ceux qui ne savent pas le but qu'il se propose,
Et qui prennent au grave & toujours mal la chose,
Peut-être trouveroient Timante un peu méchant,
Un peu fourbe, coquin. Distinguons le penchant
D'une seule action & du projet qu'il forme ;
Quand le but en est bon, prend-on garde à la forme?
Et je l'aide bien, moi, dans ce projet caché !
Mais il doit m'épouser ; c'est là notre marché.
Peut-on se marier sans un peu de fortune ?
Mille autres en ont tant ! il nous en faut bien une;

Faute d'un petit fort, faudra-t-il séparer
Deux cœurs faits l'un pour l'autre, & qui vont s'adorer?
(*La pendule sonne, Lucrece se leve.*)
Voilà six heures. Bon ! nous aurons, ce me semble,
Une bonne heure, au moins, à demeurer ensemble
Avant que le grand jour ait remplacé la nuit.
Le voici : je l'entends.

SCENE II.

LUCRECE, TIMANTE *arrive par une petite porte dite masquée : il est en robe-de-chambre de piqué & en pantoufles ; il s'éclaire avec une petite lanterne sourde, qu'il éteint en entrant.*

LUCRECE *à voix sourde.*

NE faites pas de bruit.
Fermez tout doucement, bien doucement la porte.

TIMANTE *de même.*

Le plus profond silence est toute mon escorte.
Sur la pointe des pieds j'arrive, & me voilà.
Ma Lucrece, bon jour !

LUCRECE *du bout des levres, avec privauté, le* bon jour.
Bon jour ! mettez-vous là ;
Là, dans cette bergere.

TIMANTE.
Il fait un froid du diable.

LUCRECE.
Approchez-vous du feu ; j'avancerai la table.

TIMANTE.
Comment donc ! c'est charmant !

LUCRECE.
Un déjeûné d'ami.

TIMANTE.
Mais, pour le préparer, vous n'avez pas dormi.
Ce n'est pas à vos yeux du moins qu'on le présume,
Car vous êtes plus fraîche encor que de coutume.

LUCRECE.
Avez-vous toujours froid ?

TIMANTE.
Je me réchauffe un peu.
Savez-vous qu'il est dur de se lever sans feu ?
Par la bise qu'il fait ! il gele à pierre fendre !
Et sans compter qu'il faut une heure pour se rendre
De ce corps-de-logis, tout au fond de la cour,
Dans celui-ci.

Comédie.

LUCRECE.
(Elle s'assied vis-à-vis de Timante. Ils déjeûnent.)
Vraiment ! plaignez-vous donc !
TIMANTE.
L'amour
Ne se plaint pas ; mais, moi, je me plains d'une chose.
LUCRECE.
C'est ?
TIMANTE.
D'avoir, sans qu'on puisse en deviner la cause,
Préféré ce sallon pour notre rendez-vous.
J'aime mieux votre chambre.
LUCRECE.
Oui ?
TIMANTE.
L'air en est plus doux ;
Comme elle est plus petite, on est plus solitaire ;
On est plus rapproché, plus couvert du mystere ;
Elle est simple, mais propre : un parfum gracieux,
Certain je ne sais quoi de plus délicieux,
Y charme tout ensemble & le cœur & la vue.
LUCRECE.
Ici, je ne crains pas de visite imprévue,
Ou, c'est-à-dire, moins. Je sais ce que je sais.
TIMANTE.
Votre chambre pourtant a de certains attraits...
LUCRECE.
Cela se pouvoit-il ? Il faut de la prudence.
Malgré vos pas discrets, malgré votre silence,
On vous eût entendu : j'ai là plus d'un voisin.
TIMANTE.
Allons, je me résigne.
LUCRECE.
Et le petit cousin ?
TIMANTE.
Il dort.
LUCRECE.
Et vous n'avez été vu de personne ?
TIMANTE.
De personne. Mon Dieu ! le patron, la patrone,
Partis hier tous deux pour aller à Passy,
Et me laissant tout seul avec Jules ici,
Vous vous figurez bien, sans en être étonnée,
Que leurs gens dormiront la grosse matinée.
LUCRECE.
C'est ce que j'ai pensé, Monsieur, bien avant vous :
Aurois-je, sans cela, risqué ce rendez-vous ?
TIMANTE.
Eh bien, profitons-en pour notre grande affaire.
Convenons bien ici de ce qu'il nous faut faire.

LUCRECE.

Voyons.

(*Ils repoussent la table ; & là, finissant le déjeuné, ils se rapprochent entre eux, & assis.*)

TIMANTE.

Notre projet se renferme en deux points,
Qu'il nous faut mettre à fin sans tiers & sans témoins :
Expulser de céans le Précepteur Ariste,
Et faire avoir sa place à mon frere Philiste ;
Le reste ira de suite. Or, le point capital,
C'est le congé.

LUCRECE.

Fort bien !

TIMANTE.

Cet homme est un brutal ;
Qui masque son humeur du nom de philosophe.
Araminte, déjà, n'aime pas cette étoffe ;
Et mon frere plaira.

LUCRECE.

Mais vous deviez aussi
Lui mander de venir à la hâte...

TIMANTE *tirant une lettre de sa poche.*

Voici
Ma lettre très-expresse, & de plus instructive.

LUCRECE.

Lisez.

TIMANTE.

Vous allez voir. Soyez bien attentive.

(*Il lit.*)

« Vous avez dû pressentir, mon frere, par mes deux der-
» nieres lettres, que le sort que je vous ménage est des plus
» importans pour vous & pour moi. Il falloit, avant tout,
» être sûr de votre assentiment, tel que votre réponse me
» le promet : je n'ai donc pas pu d'abord vous donner le
» mot de l'énigme. »

(*A Lucrece.*)

Vous vous rappellez bien ce que vous avez lu ?
Mon style fut discret.

LUCRECE.

C'est ce qui m'en a plu.

TIMANTE.

(*Il lit.*)

« Je vais m'expliquer aujourd'hui, vous mettre bien au
» fait, & à même, par des détails, de vous présenter ici tel
» qu'il faut qu'on vous y voie. Deux familles habitent cette
» maison, mais séparées d'habitudes, de biens, d'apparte-
» mens, & presque d'affection, quoique les chefs de l'une
» & de l'autre soient frere & sœur. Je suis précepteur d'un
» fils unique, de onze à douze ans, nommé *Jules*, dans

» l'une de ces familles, dont il n'est pas nécessaire que je
» vous dise maintenant autre chose, sinon que mes patrons
» époux, M. & Mad. Gérante, sont deux imbéciles que
» l'on mène par le nez. Le chef de l'autre famille est une
» jeune veuve de trente-six ans, à ce qu'elle dit, mais de
» quarante-cinq, à mon avis... »

LUCRECE.

Sans craindre de mentir, mettez la cinquantaine.
J'en ai, moi, trente-quatre, & je suis bien certaine...

TIMANTE.

Que le rapprochement seroit peu hazardeux,
Si je comptois vingt ans à mettre entre vous deux.

(Il lit.)

» Cette veuve, qui ne l'est que depuis quinze mois, a
» cinquante mille écus de rente. Cette espece de beauté,
» remplaçant celle qui lui manque, lui auroit déjà procuré,
» sans mes précautions, & lui procureroit avant peu, malgré
» mes soins, de nombreux soupirans, & bientôt un mari
» contre mon gré & nos intérêts, si vous ne vous hâtiez
» de venir l'épouser vous-même pour votre avantage & pour
» le nôtre. J'ai dit le nôtre, parce qu'une personne de
» cette maison, nommée Lucrece, qui m'intéresse infini-
» ment & à juste titre, est de moitié dans ce projet de ma-
» riage, ainsi que dans mes soins, & je lui communiquerai
» la présente. »

(à Lucrece.)

Mon indiscrétion vous paroît-elle un crime ?
Je n'ai pu lui cacher combien je vous estime.
Parler de ce qu'on aime est une volupté.

LUCRECE.

Fait-on taire toujours sa sensibilité ?

TIMANTE.

(Il lit.)

» Araminte (ainsi se nomme votre prétendue,) Araminte
» est une personne passablement ridicule. Comme les appro-
» ches entre elle & vous sont d'une conséquence majeure,
» je dois vous dire quelque chose de son caractere. »

LUCRECE.

Voyons, de ce tableau je suis fort curieuse.

TIMANTE.

Vous êtes trop bon juge & trop fine rieuse,
Pour ne vous pas laisser tout l'honneur du portrait.
De vos sarcasmes donc, vous allez voir l'extrait.

(Il lit.)

» Araminte a de grandes prétentions sur le cœur des hom-
» mes. Je ne vous dirai pas précisément quel en est le motif,
» si c'est vanité ou autre chose, ou tous les deux ensemble :
» mais elle appelle cela du sentiment : vous serez donc très-
» sentimental. Elle a, selon l'expression de quelqu'un, elle a

B

» moins que de l'esprit, & pas tout-à-fait de la bêtise : ce
» qui produit un terme moyen, qui vous annonce des con-
» ceptions sans jugemens, des jugemens sans idées, & une
» admiration complette pour les fadaises & pour les fadeurs. »
  (*A Lucrece.*)
Vous voyez en ceci plutôt délicatesse
Qu'intention de nuire.
    LUCRECE.
    Employer son adresse
A caresser les gens loin de les gendarmer,
C'est pure bonté d'ame, & qu'on ne peut blâmer.
    TIMANTE.
  (*Il lit.*)
» Elle est enfin superstitieuse à l'excès, par conséquent
» crédule ; elle n'oublie rien d'un songe ; les présages la
» font trembler, ou la rendent folle de joie, & les sorciers
» possedent sa confiance & son estime : il ne vous sera pas
» difficile de l'être ; & vous vous garderez, sur-tout, d'ar-
» river ici un *vendredi*, ou le 13 du mois. »
    LUCRECE.
Fort bien, tous ces détails & ces routes prescrites,
Philiste n'auroit pas tout l'esprit que vous dites,
Qu'il ne peut s'égarer ; & j'aime vos pinceaux.
    TIMANTE.
C'est, vulgairement dit, lui mâcher les morceaux.
Si je m'étends un peu, c'est qu'il faut, ce me semble,
Qu'un plan bien concerté dans un point se rassemble,
Afin que tous les fils & leurs divers rapports,
Venant à se mouvoir, soient conçus sans efforts.
Bientôt le mouvement, quand la machine joue,
En est bien plus rapide : il file, il se dénoue ;
Et l'on n'a pas besoin d'attendre, à chaque pas,
Qu'on vous vienne expliquer ce qu'on ne connoît pas.
Mon frere a de l'esprit, mais peu de prévoyance.
Je finis par un mot que je crois d'importance.
  (*Il lit.*)
» Vous serez installé chez votre future, en qualité de
» Précepteur de son fils unique Alexis, âgé de douze ans.
» Vous remplacerez un certain Ariste, une espece de sau-
» vage qui déplaît. Il a fait l'éducation de son éleve à la
» campagne, c'est sa manie. Araminte, par nos conseils, a
» voulu voir son fils, & nous l'avons attiré auprès d'elle
» depuis quinze ou vingt jours, avec le pédagogue. Il parle
» de retourner aux champs ; mais comptez qu'il partira seul,
» & avant peu. Hâtez-vous donc, &c. »
  (*A Lucrece.*)
Le reste se rapporte à nos conventions ;
Et sans être exigeans dans nos prétentions,
Je lui dis que mes vœux, comme votre espérance,

Comédie.

Taxent son mariage & sa reconnoissance
A douze mille écus de rente.
LUCRECE.
C'est le moins.
Faites partir la lettre.
TIMANTE.
A midi.
(Il remet sa lettre dans sa poche.)
LUCRECE.
Tous nos soins
Doivent être tournés maintenant contre Ariste.
Damis, son protecteur, vieux marin, humoriste,
Et frere d'Araminte, est toujours son appui :
Il n'est pas de brutal au monde égal à lui.
Il faudroit lui fermer la porte.
TIMANTE.
Idée heureuse !
Mais vous, de votre part, finement doucereuse,
Achevez, avec soin, ce que j'ai commencé.
Déjà, depuis dix jours, sans paroître empressé,
J'ai jeté des desirs dans le cœur d'Araminte.
J'ai parlé de mon frere ; elle a reçu l'atteinte.
Sur le même sujet, d'un air fort ingénu,
Pas à pas mon discours est souvent revenu.
Quand j'ai vu que le trait avoit passé l'écorce ;
J'ai, d'un peu plus de charme, assaisonné l'amorce :
Il est jeune. — Quoi ! jeune ? — & bien bâti. — Bien fait ? —
Ces petits mots tout bas ont produit leur effet.
Puis, les dons de l'esprit !... du cœur !... une belle ame !...
Du sentiment ! sur-tout, ont éveillé la Dame :
Si bien que d'elle-même, hier, presqu'en tremblant,
Elle m'en a parlé sans en faire semblant.
Il faut, à votre tour, saisissant la matiere,
Lui...
LUCRECE.
Non pas, s'il vous plaît ; je resterai derriere.
J'ai fort bien remarqué ce que vous dites-là ;
Mais je dois observer, & ne pas voir cela ;
N'avoir de ce secret aucune connoissance.
Il ne tiendroit qu'à moi d'entrer en confidence.
On l'a reçu, le trait ! il a percé le cœur !
Ce cœur bat ! il se gonfle ! & Philiste est vainqueur.
Il n'est pas temps, je crois, de secourir la belle ;
Laissons gémir encor la tendre tourterelle !
Laissez-moi faire, allez...
TIMANTE.
Tout est donc entendu ?...
LUCRECE.
Allons, retirez-vous ; on vous croira perdu,
Si quelqu'un, par hazard, monte dans votre chambre.

Eh! mon dieu! que j'appelle ici dans l'antichambre;
Balthasar ou Germain... Des bouquets!... des bouquets!
Je l'avois oublié.

TIMANTE.

Quoi ?...

LUCRECE.

Des fleurs, par paquets;
La fête d'Araminte, aujourd'hui. Votre éleve,
Jules, sera-t-il prêt? Allez donc, qu'il se leve;
Les fleurs, le compliment!...

TIMANTE *souriant.*

Soyez sans embarras;
J'ai, depuis quinze jours, la fête sur les bras.
Tout est prêt. Sans adieu.

(*Il sort par la petite porte par où il est arrivé.*)

SCENE III.

LUCRECE *seule.*

NE laissons nulle trace
Du petit tête-à-tête.
(*Elle renferme la table entiere, couverte du déjeûner, dans un petit réduit voisin; elle va ensuite ouvrir les volets des croisées.*)

Oh! comme le temps passe!
Il est déjà grand jour.

SCENE IV.

LUCRECE, ALEXIS *en dehors.*

ALEXIS *en dehors, criant.*

HÉ! quelqu'un! quel pays!

LUCRECE.

Qu'est-ce donc que cela? Bon dieu! c'est Alexis.

ALEXIS *de même.*

On ne trouve personne. Ils dorment tous.

LUCRECE.

Mais qu'est-ce?

(*Alexis entre.*)
Qu'a-t-il donc? qu'avez-vous?...

ALEXIS.

Ah! vous voilà, Lucrece!
Depuis plus d'un quart-d'heure on me laisse crier.
On dort à l'entresol, on dort chez le portier;

Personne dans la cour ! personne à la cuisine !
Voyez ! le jour grandit, il s'avance, il chemine ;
Il sera déjà tard quand nous serons aux champs.
Donnez-moi donc du pain, du pain ! car les Marchands,
Comme ici, dorment tous, à coup sûr, dans la ville.
Du pain ! dépêchez-vous.

LUCRECE.

Eh ! rien n'est si facile.
(Elle sonne.)
Vous allez en avoir ; allons, appaisez-vous ;
Vous voyez que je sonne ; au moins, un peu plus doux ?

SCENE V.

ALEXIS, LUCRECE, BEAUPRÉ.

LUCRECE à *Beaupré qui entre.*

Allez chercher du pain.

ALEXIS.

Du pain ! eh vite ! eh vite !
LUCRECE *comme Beaupré sort.*
Un moment ; vous allez en avoir tout de suite.

SCENE VI.

LUCRECE, ALEXIS.

LUCRECE.

Vous avez donc bien faim ?

ALEXIS.

C'est pour mon déjeûné.
Je l'emporte avec moi. Quand on s'est promené,
Trouve-t-on à manger là-bas dans la campagne ?

LUCRECE.

Vous allez sortir ?

ALEXIS.

Oui, Chrisalde m'accompagne ;
L'ami de mon ami, qui, dès le point du jour,
Est venu me chercher. Nous allons faire un tour
Dans les champs, dans les bois.

LUCRECE.

Mais vous perdez la tête ;
Par ce froid ? sur la neige ?

ALEXIS.

Oui, vraiment ! double fête !
On sent alors craquer la neige sous ses pieds ;
Cric, crac ! on voit sa trace & fumer ses souliers.
Mais ce n'est pas cela : je vais cueillir moi-même
Un bouquet pour maman.

LUCRECE.
La folie est extrême :
Des bouquets sur la neige ?
ALEXIS.
Oui !
LUCRECE.
Vous l'avez rêvé.
ALEXIS.
Rêvé ! plus de cent fois j'en ai déjà trouvé.
Mais le pain ne vient pas : ce pain ! quelle souffrance !
Je m'en vais...
LUCRECE.
Attendez, & prenez patience.
L'ami de votre ami, qu'est-il donc devenu ?
ALEXIS.
Dans notre chambre, en haut. Depuis qu'il est venu,
Une heure...
LUCRECE.
Le portier a donc ouvert la porte !
ALEXIS.
Le portier ! qui dormoit, & d'une bonne sorte !
Moi, je ne dormois pas. Chrisalde frappe un coup,
Puis deux, puis trois, puis quatre, & puis après beaucoup.
Je saute de mon lit, je descends chez le traître ;
Il ronfloit ! de mon poing j'ai cassé sa fenêtre ;
J'ai tiré le cordon, & Chrisalde est entré.

SCENE VII.

ALEXIS, LUCRECE, BEAUPRÉ *portant un gros morceau de pain.*

ALEXIS *prenant le pain, qu'il empoche à la hâte.*
AH ! bon, voilà du pain ! Merci, merci, Beaupré.
(*Il sort en sautant. Beaupré sort aussi.*)

SCENE VIII.

LUCRECE *seule.*
MAis a-t-on jamais vu pareille fantaisie,
C'est qu'il va s'enrhumer, prendre une pleurésie !
L'empêcher de sortir ? c'est un petit démon
Qui n'auroit écouté ni crainte ni sermon.
Au reste, ce trait-ci pourra nous être utile ;
Et bientôt nous verrons de quel air, de quel style,
Araminte, apprenant cette licence-là,
Va gourmander Ariste... Eh ! mon Dieu ! La voilà !

SCENE IX.

ARAMINTE *en robe de matin*, LUCRECE.

LUCRECE.

Comment! c'est vous, Madame? eh quoi! de si bonne heure!
Vous trouveriez-vous mal? mon cœur bat, ou je meure!

ARAMINTE *avec assez de gaité.*

Non, je me porte bien.

LUCRECE.

Ah, bon!

ARAMINTE.

Mais j'ai voulu
Abandonner mon lit plutôt qu'il n'eût fallu,
Me lever, pour ne pas me rendormir encore.

LUCRECE.

Pourquoi donc? quelque rêve?...

ARAMINTE.

Ah! Lucrece, j'ignore
Ce que cela veut dire, & pourquoi tout ceci?
Mais, je te l'avouerai, j'en ai le cœur transi;
J'ai fait un rêve affreux, un rêve épouvantable.

LUCRECE.

O mon Dieu!

ARAMINTE.

Des rochers!... une auberge!... une table!...

LUCRECE *vivement.*

Avez-vous mangé?

ARAMINTE.

Non... non, je n'ai pas mangé.

LUCRECE.

Ah! tant mieux.

ARAMINTE.

Tout-à-coup, cela s'est mélangé.
C'étoit tout plein d'objets que je ne saurois dire,
Une confusion comme dans un délire :
Après, j'ai vu venir, le long d'un grand chemin,
Une chaise de poste & des chevaux de main.

LUCRECE.

Avez-vous rêvé d'eau?

ARAMINTE.

Mais, je crois qu'oui.

LUCRECE.

Bourbeuse?

ARAMINTE.

Attends... attends... non pas, très-claire & poissonneuse :
Car j'ai vu des poissons; il m'en souvient très-bien.

LUCRECE.

Bon signe, les poissons!... cela ne sera rien.

ARAMINTE.
Tu crois ?... Il m'a semblé qu'un bruit m'a réveillée.
LUCRECE.
Pour le bruit, il est vrai: l'énigme est débrouillée;
Il n'étoit pas du rêve. ARAMINTE.
Eh! comment donc? comment?
LUCRECE.
Alexis en a fait assez passablement.
ARAMINTE.
Alexis?
LUCRECE.
Alexis. Où pensez-vous, Madame,
Qu'il soit en ce moment?
ARAMINTE.
Dans son lit.
LUCRECE.
Sur mon ame?
Il n'a pas les pieds chauds; car il est à courir
Tout à travers des champs.
ARAMINTE.
Mais c'est pour en mourir!
Il falloit l'empêcher...
LUCRECE.
En ai-je été maîtresse?
ARAMINTE.
Dans les champs!
LUCRECE.
Il y va déployer son adresse
A bien faire craquer la neige sous ses pieds,
A voir tracer ses pas & fumer ses souliers:
C'est ainsi qu'il m'a peint ses douces jouissances;
Et voilà le beau fruit des sottes complaisances
Du précepteur Ariste; ou plutôt, disons mieux,
Voilà de ses leçons le fruit pernicieux.
ARAMINTE.
Cet homme me déplaît, il faut que je l'avoue.
LUCRECE.
Comment donc? un pédant! qui fait toujours la moue;
Un franc original, bizarre, singulier,
Qui tranche du docteur en son particulier!
ARAMINTE.
Que l'on ne voit jamais, ainsi que je l'observe,
Et qui tient sa présence & mon fils en réserve.
N'as-tu pas remarqué que, depuis son séjour,
Il n'est jamais venu pour me faire sa cour!
Je veux bien que l'étude & les soins qu'il se donne,
Le tiennent écarté souvent de ma personne;
Mais encore, l'on prend quelque intérêt aux gens;
On peut leur adresser quelques mots obligeans.
LUCRECE.

Comédie.

LUCRECE.
Lui ! c'est un impoli ; grossier, brutal, fantasque :
De bien d'autres défauts c'est là souvent le masque.
Je ne vous dirai point ce que j'en crois tout bas :
D'abord, c'est que ceci ne me regarde pas.
Que bien que, comme vous, je sois scandalisée
De vous voir, par ce fat, à-peu-près méprisée,
Il faut se souvenir de ce mot d'un grand sens :
C'est qu'il ne faut jamais mal parler des absens.
Mais, si j'étois de vous, je renverrois cet homme ;
Je lui ferois compter une assez forte somme,
Pour adoucir la chose & finir les clameurs,
Et je prendrois quelqu'un de probité, de mœurs,
Doux, complaisant, poli, mais sur-tout respectable ;
Quelque honnête vieillard, bien posé, vénérable...

ARAMINTE.
Non, mon enfant ; non, non, je n'aime pas les vieux :
Ce seroit encore pis ; ils sont disgracieux.
Il faut des jeunes gens pour élever l'enfance ;
Et contre ces conseils si j'étois sans défense,
Si je me décidois au parti de changer,
Je voudrois éviter l'un & l'autre danger :
Je prendrois un jeune homme.

LUCRECE.
     Un jeune ? à la bonne heure ;
Votre idée, en effet, me paroît la meilleure.
Comme vous l'avez dit, les enfans, toujours gais,
N'aiment pas à se voir sans cesse harangués.
Prêcher est, en effet, le fort de la vieillesse.
Les enfans aiment mieux quelqu'un qui les caresse ;
Qui badine, folâtre avec eux quelquefois.
Va donc pour un jeune homme ! & j'y donne ma voix ;
Même je le voudrois bien fait, de beau visage.

ARAMINTE.
D'abord que l'on fait tant que d'en prendre à cet âge,
On préfère un bel homme : à mérites égaux,
On n'est pas obligé de choisir des magots.

LUCRECE.
Non, vraiment ; & d'ailleurs, c'est qu'il est ordinaire
Que des gens bien tournés, le goût, le caractere
Soit de paroître en tout aimables, séduisans.
La nature leur fit les plus heureux présens ;
Voilà ce qu'il vous faut, & non pas un sauvage,
Qui jamais ne vous cherche & ne vous envisage.

ARAMINTE.
Moi, Lucrece ; sur-tout dans ma position :
Car, hors toi, je n'ai pas de consolation.

LUCRECE.
Eh bien ! décidez-vous.

C

ARAMINTE.

J'en serois fort tentée ;
Mais par bien des raisons, je me vois arrêtée.
Je ne puis concevoir par quel art séducteur
Il se fait que mon fils chérit son Précepteur;
Mais enfin, je le vois de cet enfant que j'aime
L'amitié, pour Ariste, est poussée à l'extrême.
Je tremble que mon cœur n'ait à se reprocher
La douleur de mon fils, si j'allois l'arracher
A l'ami qu'en riant, soit erreur, soit jeunesse,
Avec tant de candeur, son petit cœur caresse.
Pur effet, diras-tu, de sa naïveté !
Il se peut ; mais enfin, le coup seroit porté.
Autant j'aime mon fils, autant j'en suis aimée ;
De son affliction je serois alarmée.
Ce n'est pas cependant...

LUCRECE.

Mon dieu ! que c'est bien vous !
Dès l'instant qu'il vous fait prendre un peu de courroux,
Voilà du sentiment l'émotion si tendre
Qui s'oppose au parti que vous ne savez prendre.
Vous blâmé-je ? non, non ; moi, que vous connoissez,
Je vous trouve adorable, & vous m'attendrissez.
Méditons, cependant, sur votre inquiétude :
L'amitié des enfans, qu'est-ce ? pure habitude ;
Vive & foible comme eux, tel est le cœur humain ;
Aujourd'hui désolés, & consolés demain.

ARAMINTE.

Je le crois : aussi bien ce motif, quoique grave,
N'est pas le plus puissant, ni ma plus forte entrave.

LUCRECE.

Quel autre ? Je ne vois...

ARAMINTE *impatiemment.*

C'est mon frere Damis.

LUCRECE.

Votre frere ? Il est vrai qu'au rang de ses amis,
Son caprice ou son goût daigne compter Ariste ;
Mais est-ce une raison ?...

ARAMINTE.

Oh ! tiens, cela m'attriste.
Je vois déja mon frere emporté, tout en feu ;
Lui qui, s'il aime Ariste, aime plus son neveu ;
Tu le sais, pour mon fils son penchant, sa tendresse,
Tiennent de la folie, & cela m'intéresse.
Je le vois, dis-je, armé de toute sa fureur,
Blâmer ce changement, & le taxer d'erreur:
C'est lui qui près de nous plaça cet hypocondre ;
Quand il viendra crier, qu'aurai-je à lui répondre ?
Il m'obsede, il m'ennuie, à ne te point mentir ;

Comédie.

J'attends, dès son abord, l'instant qu'il va sortir :
Mais, avec tout cela, mon ame le redoute.
Si je le traite mal, j'éprouve qu'il m'en coûte ;
Si je le traite bien, j'en garde de l'humeur :
Est-ce mon maudit foible, ou plutôt sa clameur ?
Explique-moi cela, car enfin, de ce frère
Je voudrois m'affranchir, & je crains le contraire.

LUCRECE.

Moi, Madame, mon zele est peut-être indiscret ;
Mais c'est lui seul qui parle, & non mon intérêt.
Il doit peu m'importer qu'Ariste parte ou reste ;
C'est une vérité qui saute aux yeux de reste.
Je vois un fils unique, & qui seroit charmant,
Qu'un imbécille éleve, & je ne sais comment ;
Je vois qu'en remplaçant ce Précepteur bizarre,
Par un autre plus sage & d'un mérite rare,
Jeune, beau, bien tourné, comme nous l'avions dit,
C'est un double avantage ici qu'on vous prédit.
L'enfant auroit un maître au gré de votre envie ;
Vous, un ami prudent, le charme de la vie !
Quelqu'un à qui parler, une société,
Un conseil que l'on prend, selon l'utilité ;
Un homme... un homme enfin qui dise une parole ;
Qui tantôt vous égaie, & tantôt vous console.
Mais votre frere est là qui pourroit l'empêcher ;
Il faut changer d'avis, de peur de le fâcher ;
Et quand ce qui vous plaît, ce qui vous est utile,
Est la chose du monde enfin la plus facile,
Il faut y renoncer, & tout cela pour rien.
Si Madame le veut, ma foi ! je le veux bien.

ARAMINTE.

Je suis de ton avis. Que tu prends mal les choses,
Lucrece !...

LUCRECE *le ton serré*.

Ariste vient.

SCENE X.

ARAMINTE, LUCRECE, ARISTE.

ARISTE *avec une fermeté noble, mais simple*.

Pour de très-justes causes
Je trouve qu'il est bon que votre fils & moi
Nous quittons ce séjour. L'habitude à sa loi.
Chaque éducation, Madame, est un systême,
Qu'on commence en un sens, & qu'on finit de même.
Il importe beaucoup...

ARAMINTE.

Je ne vois, d'une part,

Nulle raison, Monsieur, pour souffrir ce départ.
Ensuite, il me paroît fort extraordinaire
Qu'on veuille séparer un fils d'avec sa mere.

ARISTE.

Ne vous séparez point, & venez avec nous,
Le bienfait sera double, il en sera plus doux.
Vous verrez sous vos yeux croître votre espérance.
Mais je dois vous le dire, avec persévérance,
Paris me contrarie ; il me faut un endroit
Qui soit en même temps plus vaste & plus étroit :
Vaste pour la nature, étroit avec les hommes.
Trop d'artifice & d'art regne aux lieux où nous sommes :
Rien de simple, de vrai, de pur, de naturel,
Ne s'y montre à mes yeux ; cet état est cruel.
Il faut de mon éleve établir les idées ;
Mais sur quoi, s'il vous plaît, seront-elles fondées ?
Madame, pardonnez ; un peu trop ingénu,
Je vous parle peut-être un langage inconnu ;
Mais c'est ainsi pourtant qu'il faut que je m'exprime.

LUCRECE.

Parlez à votre mode ; il n'est point là de crime.
Que l'on comprenne, ou non, vos sublimes discours ;
Madame, à la nature ayant aussi recours,
Vous annonce, par moi, qu'elle veut, qu'elle ordonne
Qu'un fils qu'elle chérit jamais ne l'abandonne.
Elle reste à Paris ; son fils y restera.
Vous ferez là-dessus tout ce qu'il vous plaira.

ARISTE.

Ah ! Madame, voyez...

ARAMINTE.

Que faut-il que je voie ?

Qu'un fils idolâtré, qui fait toute ma joie,
Pour faire, par vos soins, plus ou moins de progrès,
Aille s'ensevelir dans le fond des forêts ?
Je veux qu'il reste ici, le voir, qu'il m'accompagne.
Que pourra-t-il, de grace, apprendre à la campagne ?
Je n'y suis pas deux jours, sans en mourir d'ennui.
Courez, si vous voulez, dans Paris avec lui.
Ici, bien mieux qu'aux champs, il est, ne vous déplaise,
De quoi le divertir, & l'instruire à son aise :
A des grossiers débats c'est assez l'exercer.
Ce dont il a besoin, c'est d'un maître à danser ;
Non d'herbes & de foin : qu'en seroit-il, Ariste ?
Sera-t-il jardinier ? sera-t-il herboriste ?
S'il veut voir le feuillage, au Cours il en verra :
Des troupeaux, des bergers ? menez-le à l'Opéra.
Mais, parmi les plaisirs, dont votre goût l'assiége ;

Qu'il n'aille plus sauter le matin sur la neige.
Vous m'entendez, je crois ? il est temps de finir.
(*Elle sort avec Lucrece.*)
ARISTE.
O mon pauvre Alexis ! que vas-tu devenir ?
Fin du premier Acte.

ACTE II.

SCENE PREMIERE.

ARISTE *seul*.

JE n'augure pas mieux d'une autre tentative,
Risquons-la cependant. O ! quelle perspective !
A qui va-t-on, bon Dieu ! confier cet enfant ?
Absurde préjugé ! je te vois triomphant
Encore plus d'un jour ! A travers ma tristesse,
A travers le dégoût que tout ceci me laisse,
Un rire de pitié m'échappe, malgré moi,
A l'aspect, trop plaisant, des erreurs que je vois;
L'un prétend que son fils devienne un jour un homme;
Un homme à surpasser tous les héros de Rome;
Et pour justifier cette prétention,
Un esclave, un valet fait l'éducation.
Ici, c'est un enfant courbé sur cent volumes,
Qui n'ayant point assez de mains, d'encre, de plumes,
Pour boucher son cerveau des sottises d'autrui,
Ne pourra plus penser désormais d'après lui.
Là, j'en rencontre un autre en qui, de la nature,
Brillent la répartie & la lumiere pure :
Bientôt, armé d'un fouet, par le droit du plus fort,
Un pédant convaincu lui montre qu'il a tort.
Un autre vient me dire, à force de routine,
Qu'Ispaham est en Perse, & Pékin à la Chine;
Et le pauvre innocent, à cent pas du manoir,
Se croit au bout du monde ; il est au désespoir.
Enfin, entre mes mains tombe un enfant aimable,
D'un naturel heureux, humain, sensible, affable;
Mais fier, impétueux jusqu'à la passion,
Plein de grace, d'esprit, d'imagination,
Enfin parfait... & tels ils seroient tous peut-être,
Si la nature seule étoit leur premier maître;
Voici qu'on me l'arrache, & qu'on veut le forcer
De rester à Paris pour apprendre à danser.
Peut-être est-ce un dépit, un caprice éphémere ?
Essayons, s'il se peut, de ramener la mere.

SCENE II.
ARISTE, CHRISALDE.

ARISTE.
Comment ! c'est vous, Chrisalde ?
CHRISALDE.
On vous cherche par-tout :
Des bosquets de Mont-rouge on a touché le bout :
Nous voilà revenus. Un froid ! un temps superbe !
Nous avons des bouquets, c'est-à-dire, de l'herbe.
Il les trouve charmans... Il a, par-ci, par-là,
Trouvé certaine plante. — Ah ! Chrisalde, en voilà !
En voilà ! — De quoi donc ? — Quoi ! de la perce-neige !
Voyez, la belle fleur ! — Le drôle de manege
Que l'allure & le jeu de cet aimable enfant !
Il vous saute un fossé ! leste ! allez, comme un fan ?
Il est vif, curieux, rien n'échappe à sa vue ;
Le plus petit buisson, il le passe en revue ;
Son esprit & son corps n'ont jamais de repos ;
Aussi, comme il s'exerce ! & comme il est dispos !
Un gros morceau de pain, qu'il avoit dans sa poche,
Dévoré dans l'instant : c'étoit de la brioche !
Et, de son chapeau rond, formant un gobelet,
Il vous a bu de l'eau, tout comme on boit du lait.
Mais vous avez l'air triste.
ARISTE.
Et j'ai sujet de l'être.
CHRISALDE.
Qu'est-il donc arrivé ?
ARISTE.
L'on va m'ôter, peut-être,
Alexis avant peu.
CHRISALDE.
Que veut dire ceci ?
ARISTE.
Je ne sais ce que c'est ; mais je me déplais ici.
CHRISALDE.
Et que leur faut-il donc ? ils sont bien difficiles.
Leur faut-il des coquins ou bien des imbécilles ?
ARISTE.
Faute de vrais motifs ; des torts à m'imputer ;
On cherche des détours, on veut me dégoûter :
Et même, en ce moment, quand mon esprit ramasse
Nombre de petits faits, & tout ce qui se passe,
J'apperçois clairement où l'on veut en venir.

Comédie.

CHRISALDE.

Ecoutez, après tout. Si l'on croit vous punir,
On se trompe fort.

ARISTE.

Oui : je suis exempt de blâme;
On ne peut me punir... mais on me perce l'ame.

CHRISALDE.

Diantre ! un petit moment ! voici du sérieux.
Qu'est-ce qu'on vous a fait ?

ARISTE.

D'un air impérieux,
Et d'un ton de mépris, même de réprimande,
On vient de repousser une juste demande ;
Le sens en est risible, & ne m'outrage pas ;
Mais je vois approcher l'attaque pas à pas ;
Déjà, dans la maison, depuis mon arrivée,
Tout m'annonce ou me montre une haine privée ;
Je n'en puis démêler la cause ni l'auteur.
Il est, vous le savez, un autre Précepteur
Dans le même logis, dans la même famille :
C'est un de ces mentors dont l'espece fourmille ;
Instituteurs charmans, adroits & déliés,
Dont l'unique devoir, qui les tienne liés,
Est de s'embarrasser, sans répugnance aucune,
De leur éleve peu, beaucoup de leur fortune.
Enjoliver l'enfant, dont ils se sont munis,
De quelque gentillesse & d'un peu de vernis ;
C'est tout ce qu'il leur faut. Du reste, leur souplesse
Ne tend qu'à plaire au maitre, ainsi qu'à la maîtresse :
Et de là, parcourant la maison en entier,
Leur adulation descend chez le portier :
Il n'est pas, quelquefois, jusqu'au chien de Madame,
Qui n'éprouve, en leurs bras, la bonté de leur ame.
Soit donc que ce mentor m'en veuille, sans raison ;
Soit qu'en effet je perde à la comparaison ;
Qu'à l'un de ses pareils on destine ma place,
Il n'est de pauvretés, d'insulte, de grimace,
Dont je ne sois l'objet, & presque à tout moment,
A table, dans mes soins, dans mon ameublement :
Même de plats valets, dont l'aspect me souleve,
Dont je n'ai pas besoin, non plus que mon éleve,
Qui viennent tour-à-tour, d'un air malicieux,
Me faire quelque piece en gens officieux.

CHRISALDE

Et vous ne quittez pas une maison pareille !
En disant à la mere, & non pas à l'oreille,
Mais bien distinctement, & du ton le plus haut :
» Ce ne sont pas des gens comme moi qu'il vous faut ;
» Madame, il vous faut des... Adieu ! voilà la porte ;

» Mais si j'y rentre plus, que le diable m'emporte ! »
Voilà ce qu'il faut dire, & comme je le dis.

ARISTE.

Et l'enfant ! & l'enfant !

CHRISALDE.

    O les parens maudits !

ARISTE.

C'est lui qui souffriroit.

CHRISALDE.

    La pauvre créature !

ARISTE.

Je ne vois que lui seul.

CHRISALDE.

    L'amitié, la nature,
Cette mere, mon cher, ne les connoît donc pas ?

ARISTE.

Elle croit...

CHRISALDE.

    Voulez-vous que j'aille de ce pas
Lui dire quatre mots, à ma façon, sans rire ?

ARISTE.

Eh ! que lui diriez-vous, si ?...

CHRISALDE.

    Comment ? que lui dire ?

ARISTE.

Mais...

CHRISALDE.

    Que pour son enfant, rien n'est essentiel
Comme un bon Précepteur, rare présent du Ciel !
Que vous aimez son fils, bien plus qu'elle ne l'aime...
Et lui qui, ce matin, en parlant de vous-même,
Me disoit : « Il est bien malade, mon ami ! »
D'un petit air charmant, comme s'il eût gémi.
Oh ! cela me fait mal ! il faut que je m'en aille ;
Car je ferois du bruit, peut-être rien qui vaille,
Et je veux mieux agir. Je reviendrai vous voir.
Voici quelqu'un d'ailleurs : adieu, jusqu'au revoir.
      (Il sort.)

SCENE III.

ARISTE, LUCRECE.

ARISTE.

Peut-on voir Araminte ?

LUCRECE.

    Elle est prête à descendre:
Mais je ne pense pas qu'on puisse vous entendre :
L'heure n'est pas propice. Un soin plus gai, plus doux,
Maintenant nous occupe.

SCENE IV.
ARISTE, LUCRECE, TIMANTE.
TIMANTE à Lucrece.

EH bien ! commençons-nous ?
Jules est impatient d'apporter son hommage
Aux genoux de sa tante, &...
LUCRECE.
Ce seroit dommage
Que, dans un tel espoir, il se trouvât déçu.
Vous pouvez l'amener, il sera bien reçu :
Lui, son bouquet, ses vers, l'Acteur & le Poëte.
TIMANTE.
Que son ardeur, au moins, ne soit pas indiscrete.
Son cousin Alexis a droit de primauté,
Et je cede à Monsieur toute la nouveauté.
ARISTE.
A moi, Monsieur, de quoi me parlez-vous, de grace ?
TIMANTE.
De la fête du jour.
ARISTE.
Moi ! que je m'embarrasse
D'environner d'apprêt & d'affectation
La chose la plus simple & son intention !
Je ne m'entremets pas où suffit la nature.
TIMANTE.
L'arbrisseau le plus sain a besoin de culture.
Voici l'occasion de prouver nos travaux.
Votre éleve, je crois, ne craint pas de rivaux ;
Si vous l'avez instruit qu'aujourd'hui c'est la fête
De sa mere, & qu'il doit venir...
ARISTE.
Je vous arrête,
Je ne l'ai point instruit de tout cela.
TIMANTE.
Comment ?...
Cela n'est pas possible. Et je crains franchement
De prendre au sérieux ce qui vous plaît de dire.
LUCRECE.
Prenez-le au sérieux ; Monsieur ne sait pas rire.
TIMANTE.
S'il avoit oublié...
ARISTE.
Soyez sans embarras ;
Dès long-temps j'ai pris soin qu'il ne l'oubliât pas.

TIMANTE.
C'est un point différent.
ARISTE.
Très-différent.
TIMANTE.
Sans doute
Sa muse a rencontré la vôtre sur sa route ?
ARISTE.
J'ignore absolument ce voyage entrepris,
Ainsi que le chemin que sa muse auroit pris.
TIMANTE.
L'usage cependant...
ARISTE.
Il est vrai, c'est l'usage.
Mais Alexis, Monsieur, n'est pas un personnage :
C'est un enfant sans art, trop naïf pour cela,
Trop simple pour toucher à ces merveilles-là.
Ce qu'il sent, l'exprimer d'une ame franche & bonne ;
C'est tout à quoi s'étend sa petite personne ;
Et non pas à chercher ma muse, comme ici
Vous me faites l'honneur de m'en croire une aussi.
TIMANTE.
Malgré l'opinion que vous montrez, je pense
Que l'on peut embellir la petite éloquence
D'un éleve ingénu...
ARISTE.
Je ne l'empêche en rien,
L'ingénuité ? peste ! embellissez-là bien.
TIMANTE.
Lorsque ma politesse en efforts se consume,
Je ne sais pas pourquoi votre ton d'amertume.
ARISTE.
Je ne sais pas pourquoi, n'ayant point de discords,
Votre civilité se consume en efforts ?
TIMANTE.
C'est recevoir fort mal mes soins, ma déférence.
ARISTE.
C'est fort bien recevoir ce dont on vous dispense.
TIMANTE.
Savez-vous qu'un tel ton n'a jamais réussi ?
Que lorsqu'on me caresse, on vous déteste ici ?
ARISTE.
Savez-vous, de tel sens que la faveur circule,
Que, sans titres acquise, elle est fort ridicule ?
TIMANTE.
De ce que vous portez, en guise de trousseau,
Dans la maison des gens, le fatras de Rousseau ;
Et que vous y singez cet ennuyeux apôtre,
Pensez-vous nous duper, & valoir plus qu'un autre ?

Comédie.

ARISTE.

De ce que vous versez le fiel & le mépris
Sur l'homme du génie, & raillez ses écrits,
Pensez-vous l'empêcher de vivre d'âge en âge,
Et qu'il en vaudra moins, comme vous davantage ?

LUCRECE.

Finissez, s'il vous plaît, cette altercation.

TIMANTE outré.

Pour conduire avec gloire une éducation,
Et sans y faire entrer votre sotte manie,
On peut avoir aussi ses talens, son génie.
Je prouverai, du moins, qu'en sortant de mes mains,
Mon éleve pourra vivre avec les humains ;
Dans leur société pratiquer l'art de plaire ;
Des usages reçus savoir le formulaire ;
Et, sans être un pédant de mœurs ni de savoir,
Se montrer comme il faut, enfin se faire voir.

ARISTE.

Je ne conteste point l'espoir de votre éleve ;
Je vous rends bien justice ; & pour peu que j'acheve,
Vous verrez que je suis très-d'accord avec vous,
Et que vous avez tort de vous mettre en courroux.
Votre éleve, en effet, sera ce que vous dites.
Exempt de ces travers, de ces vertus maudites,
Que le monde agréable abhorre avec raison :
Ses dons seront meilleurs, & sans comparaison.
Trop de fierté dans l'ame est le fait d'un sauvage :
Il aura de l'orgueil ; cela sied davantage.
La vulgaire bonté n'est qu'un poids importun :
Il sera méprisant ; cela sort du commun.
La liberté pour lui ne seroit qu'une entrave :
Ses délices seront d'être un brillant esclave.
Des élans du génie il sera peu de cas ;
Mais il dira des riens qui seront délicats.
Il sera sans vigueur ; mais il aura des graces.
Nul feu, nul sentiment ; mais, d'aimables grimaces.
Il sera faux, mais doux ; louangeur, mais loué ;
Perfide, mais adroit ; méchant, mais enjoué.
Il sera donc parfait, si je sais bien le prendre.
Plus de bruit : vous voyez qu'il n'est que de s'entendre.

(Il sort.)

SCENE V.

LUCRECE, TIMANTE.

TIMANTE hors de lui.

Est-on plus insolent ?

LUCRECE.

Pourquoi lui parlez-vous ?

On porte aux gens qu'on hait secretement ses coups;
Mais point de démêlé. S'il faut qu'on les rencontre,
Alors jamais à nud votre ame ne se montre,
Et l'on ne jouït pas avant le temps prescrit.
Vous venez d'être, ici, dupe de votre votre esprit.
Le plus fort est toûjours celui qui dissimule.

TIMANTE *méchamment.*

J'ai tort.

LUCRECE.

Madame vient; allez donc chercher Jules.
(Il sort.)

SCENE VI.

ARAMINTE, LUCRECE.

LUCRECE.

Déja? votre toilette a duré peu de temps.
Vous êtes à ravir! vous n'avez pas vingt ans.
Ah!...

ARAMINTE.

Me trouves-tu bien?

LUCRECE.

Je vous trouve divine,
Le teint plein de fraîcheur & l'œillade assassine.

ARAMINTE.

Je fais l'essai de l'eau.

TIMANTE.

De mon eau de miélat?
Je ne m'étonne plus aussi de tant d'éclat.

SCENE VII.

ARAMINTE, ALEXIS, LUCRECE.

ALEXIS.

(Il embrasse Araminte.)

Bon jour! bon jour, maman! Et vous & votre fête,
J'ai toute la nuit eu ces deux objets en tête:
Oh! bien toute la nuit, car je n'ai pas dormi.
Voici votre bouquet.

ARAMINTE *embrassant son fils & recevant le bouquet.*

C'est fort bien, mon ami.
Je vous suis obligée.

LUCRECE.

Est-ce là la merveille,
Qui, dès le grand matin, vous pousse & vous éveille?
Voilà donc ce bouquet fameux?

Comédie.

ALEXIS.

Il est joli !
Qu'en dites-vous, Lucrece ?

LUCRECE.

Il faut être poli :
Je le trouve charmant.

ALEXIS.

Vous avez l'air de rire.
Mon bouquet est très-beau, maman peut vous le dire.
C'est de la perce-neige, admirable en couleur,
Une vraie hyacinthe, une charmante fleur :
La premiere sur-tout qu'on trouve à la campagne.
Elle plaît, car toujours le beau temps l'accompagne.
N'est-il pas vrai, maman, que cette fleur vous plaît ?

ARAMINTE.

Beaucoup, mon fils, beaucoup. Mais c'est fort mal, fort laid
D'aller courir les champs quand le froid est extrême.

ALEXIS.

Il me falloit des fleurs & les cueillir moi-même.

LUCRECE.

Voici votre cousin qui s'approche à son tour.

SCENE VIII.

ARAMINTE, ALEXIS, LUCRECE, JULES *portant un beau bouquet de fleurs artificielles*, TIMANTE.

LUCRECE.

O Comme il est gentil ! galant ! c'est un Amour.
Asseyez-vous, Madame.

TIMANTE.

Abordez votre tante.
Allons, le geste libre & la voix éclatante.

JULES *avec toute l'affectation ordinaire aux enfans que l'on a dressés à la déclamation, & la voix de deux tons au-dessus de l'unisson de l'enfance.*

Pour célébrer le plus beau jour,
Et de Paphos la déesse adorable,
Porté sur l'aile de l'amour,
Mon cœur, pour vous faire sa cour,
Vient vous raconter une fable.

LA ROSE ET LE RUBAN.

Riche de ses boutons tout fraîchement venus,
La Rose, un jour, eut l'envie,
De venir passer sa vie
Sur l'aimable sein de Vénus.
Là, je verrai, disoit-elle, les Graces,
Les Ris, les Jeux qui marchent sur ses traces.

Les Précepteurs,

Alors, s'adressant au Ruban :
De tes doux nœuds serre-moi, lui dit-elle,
Et conduis-moi vers la plus belle.
(*Ici l'enfant change le ton doucereux & sentimental qu'on l'a instruit à prendre.*)
Si l'amour sourit à mon plan,
Bientôt, envoyé par l'Aurore,
Viendra, je crois, mon frere le Zéphir,
A la déesse que j'adore,
Porter le souffle du desir ;
Puis des guirlandes du plaisir
Nous enlacer toutes les deux encore.
(*Autre changement de ton plus marqué que le précédent.*)
Ce bouquet-ci confirmera
Ce que la fable a pu vous dire.
C'est le sentiment qui m'inspire ;
C'est Vénus qui me sourira.

LUCRECE.
Bravo ! Jules, bravo !

JULES à *Timante*.
Là, je n'ai pas manqué.

ARAMINTE *embrassant Jules avec ivresse*.
Lucrece, il est charmant !

LUCRECE.
Sage, bien appliqué.

ARAMINTE.
Voyez-vous, Alexis, le cousin vous fait honte.
Il a de moins de vous près d'un an, de bon compte !
Vous ne m'avez jamais rien dit comme cela.

LUCRECE.
Ah ! ce n'est pas à lui que ce reproche-là
Doit s'adresser, Madame ; Alexis est docile :
S'il étoit mieux instruit, il seroit plus habile.
Laissons cela, d'ailleurs, & voyons les cadeaux.
(*Elle remet les cadeaux à Araminte, & déploie un paquet qui renferme un petit volume précieux.*)

ARAMINTE.
Jules, vous m'avez dit des vers qui sont fort beaux,
Une fable : & voici celles de *La Fontaine*
Dont je vous fais présent.

LUCRECE à *Jules*.
Monsieur, prenez la peine
De regarder ce livre. Eh bien ! est-ce un trésor ?
Les coins & les crochets, la garniture d'or !
Ayez-en bien du soin.

JULES.
Bien obligé, ma tante.

ARAMINTE.
Mon fils, quoique de vous je sois fort peu contente,

Comédie.

Voilà, pour votre part, un cornet de bonbons.
(Alexis reçoit tristement les bonbons, que Jules convoite de l'œil.)

LUCRECE.
Venez vous amuser, mes bons amis, allons.
(Elle les emmene.)

SCENE IX.
ARAMINTE, TIMANTE.

ARAMINTE.
Timante, votre fable est belle & délicate,
Et je n'ose en parler, tant son style me flatte.

TIMANTE.
Enchanté qu'elle ait pu vous plaire & vous toucher.

ARAMINTE.
Malgré le voile adroit qui sembloit vous cacher,
J'ai reconnu vos soins.

TIMANTE.
Oh! bon: plaisanterie!

ARAMINTE.
J'ai compris en entier toute l'allégorie;
Et, sans être Vénus, on éprouve un desir
De voir autour de soi paroître le Zéphir.

TIMANTE *grimaçant le badinage.*
Oui! vous m'avez compris.

ARAMINTE.
Qu'en dites-vous, Timante?
Au reste, je le dis, cette fable charmante,
Et le stupide état où mon fils s'est montré,
Me decideroient fort à le voir délivré
De son plat pédagogue, ennuyeux, inutile,
Et qui, je le vois bien, n'est qu'un franc imbécille.

TIMANTE.
Votre coup-d'œil est sûr, & je n'ajoute rien.

ARAMINTE *minaudant.*
Vous m'avez proposé votre frere: fort bien...
Je crois à ses talens, ainsi qu'à ses lumieres...

TIMANTE.
Avant qu'il soit un mois, de ton & manieres,
Grace à de nouveaux soins, Alexis changera;
Et ces soins, avec vous, on le partagera.
Quand on vante son frere, on paroît ridicule.

ARAMINTE.
Pourquoi? c'est d'un bon cœur.

TIMANTE.
Mais, je ne dissimule
En aucune façon. C'est pure vérité:
J'en ai moins dit de lui qu'il n'en a mérité.

ARAMINTE.
Je le crois. Mais un point m'arrête & m'embarrasse.
TIMANTE.
Quoi, Madame ?
ARAMINTE.
Son âge. Il a... Combien, de grace,
M'avez-vous dit ?
TIMANTE.
Trente ans.
ARAMINTE.
Vous ajoutez aussi...
TIMANTE.
Je n'ai fait son portrait guere qu'en raccourci...
ARAMINTE.
Qu'il étoit assez bien de taille & de figure ;
Ces qualités toujours sont d'un très-bon augure.
Mais jeune ! si bien fait ! n'est-ce pas un danger ?
Je craindrois, pour mon fils, un Précepteur léger ;
Inconstant dans ses goûts, évaporé, frivole...
TIMANTE.
Quand on fut malheureux, cette fievre s'envole.
Oui, Madame ; au hazard de paroître indiscret,
Et puisqu'il faut tout dire, apprenez son secret.
Il aima ; mais aima ! comme on n'aime plus guere ;
Et le choix d'un jeune homme est moins bon que sincere.
Il fut trahi. « Trahi, dit-il, par un objet
» De vingt ans, tout au plus, & sans aucun sujet !
» Allons, plus de lien ; ce sexe est né volage. »
Il a tenu parole ; &, si son cœur s'engage,
C'est par un choix sensé qu'il reprendra des fers.
Vous n'imaginez pas les maux qu'il a soufferts !
ARAMINTE.
O le pauvre garçon ! son état m'intéresse.
TIMANTE.
Jugez, par ce trait seul, du fond de sa sagesse,
Et si, pour le futile, il peut avoir des yeux.
Il a l'esprit ardent, mais le cœur sérieux.
ARAMINTE.
C'est le premier des biens qu'une tête sensée.

SCENE X.
ARAMINTE, TIMANTE, DAMIS.
DAMIS.
Je viens, pour vous parler d'une affaire pressée.
Ma sœur, je vous demande un moment d'entretien,
Tête-à-tête, après quoi, je m'en vais.
(Voyant que Timante salue & se retire.)
C'est fort bien.
SCENE.

SCENE XI.

ARAMINTE, DAMIS.

ARAMINTE.

Hé bien! qu'est-ce; Damis?

DAMIS.

Connoissez-vous Ariste?

ARAMINTE.

Pourquoi cette demande? Oui: c'est un homme triste,
Un sauvage, un hibou, que l'on ne voit...

DAMIS.

Fort bien.
Ce que vous chantez-là ne dit, ne prouve rien.
Connoissez-vous Ariste, encore un coup, Madame?

ARAMINTE.

De telles questions...

DAMIS.

Connoissez-vous son ame,
Ses principes, ses mœurs, ses vertus, son esprit;
Ce qu'il dit, pense, fait, & tout ce qu'il écrit?
Non, non; je vous dis non, criant à pleine tête;
Vous n'en connoissez rien: vous êtes une bête.

ARAMINTE.

Qu'est-ce à dire, mon frere?

DAMIS.

Ecoutez-moi, ma sœur;
Je file encor le cable, & j'y vais en douceur;
Mais, corbleu! gardez-vous de me mettre en colere!
Je demeure d'accord qu'Ariste, pour vous plaire,
N'aura pas tous les jours croisé votre chemin,
Pour vous trouver charmante & vous baiser la main;
Mais considérez donc, ma sœur, ma très-aînée,
Ma folle, ma très-folle & ma très-surannée,
Dussé-je vous fâcher, mais la chose est ainsi,
Que ce n'est pas pour vous que cet homme est ici,
Mais bien pour votre fils, pour mon neveu que j'aime.

ARAMINTE.

Comment donc? m'insulter?...

DAMIS.

Mon sang-froid est extrême;
Ma sœur, & bien à tort vous vous fâchez souvent.
Si je forçois de voile, ainsi que j'ai bon vent,
Je pourrois, sans effort, vous en dire bien d'autres.
Par exemple, ma sœur, quels travers sont les vôtres?
Vous dirois-je? & pourquoi se fait-il, s'il vous plaît,
Que, dans votre maison, il n'est point de valet,

E

Sans doute, de vos airs, méprisable copiste,
Qui ne se fasse un jeu de narguer mon Ariste?
N'avez-vous pas de honte? & seriez-vous aussi
De ces mauvais parens, d'un esprit rétréci,
Qui, comme un serviteur, traitent sans conséquence
Le respectable ami qui cultive l'enfance
De leur fils, sous leurs yeux, au sein de leur maison;
Qui remplit leur devoir, qui, pour cette raison,
Et par le prix sacré de cette nourriture,
Est plus méritant qu'eux aux yeux de la nature!
Ariste a tous les droits de la paternité;
Mépriser un tel homme, est une indignité,
Un excès punissable, une horreur, un scandale.
Où sont-ils, ces valets? qu'on leur donne la cale!
Le boulet aux deux pieds! à la mer ces coquins!
Et qu'ils aillent servir de pâture aux requins!
Corbleu! vous allez voir de quoi je suis capable!...

ARAMINTE.

Etes-vous fou, mon frere? Oh! quel bruit effroyable!
Laissez-moi... que je fuie un tel emportement.
(Elle s'enfuit.)

DAMIS.

Fuyez vous embosser dans votre appartement;
Vous n'échapperez pas; vous aurez la bordée.
Allez...

SCENE XII.

DAMIS, ALEXIS.

ALEXIS *courant après son oncle, qu'il retient par son habit.*

C'Est vous, mon oncle? Oh! j'en avois l'idée.
Eh! vîte, embrassez-moi.

DAMIS.

    Te voilà, mon garçon?
Oui, baise-moi, bien fort. Je te quitte...

ALEXIS.

      Chanson!
Restez encor un peu, que je vous parle.

DAMIS.

      Laisse;
Nous nous verrons tantôt.

ALEXIS.

   Un moment, rien ne presse.

DAMIS.

Eh fi! je suis pressé.

ALEXIS.

   Je le suis plus que vous.

Comédie.

DAMIS.
Ce petit coquin-là va me mettre en courroux !
ALEXIS.
Tenez ; vous savez bien qu'un jour vous me promîtes
Quelque chose... de beau, suivant ce que vous dîtes ;
Vous ne voulûtes pas alors me mettre au fait ;
Dites-moi maintenant, mon oncle, ce que c'est,
Et je vous laisse aller.
DAMIS.
O le petit espiègle !
Hé bien ! c'est un cheval.
ALEXIS.
Un cheval !
DAMIS.
Bien en regle ;
ALEXIS.
Et pas de bois ? vivant ?
DAMIS.
Et qui galopera.
ALEXIS.
Que je vous baise, donc !
(Damis s'évade à la faveur de la joie d'Alexis, celui-ci contrefait alors le galop du cheval, & parcourt la scene. Damis suit sa sœur.)
Patatra !... patatra !...

SCENE XIII.
ALEXIS, JULES.

JULES.
Comme tu cours tout seul ! quelle mouche te pique ?
ALEXIS *transporté.*
Jules, je vais avoir un cheval magnifique !
Un cheval véritable ! un superbe animal !
JULES.
Tu sais donc, mon cousin, te tenir à cheval ?
ALEXIS.
Comment ! si je le sais ? dans la grande prairie,
Déjà cinq à six fois, jusqu'à la laiterie,
A cheval j'ai couru ; même d'un pistolet,
En courant, j'ai tiré sur le blanc, s'il vous plaît ;
Pan ! pan !
JULES.
Un pistolet ? mais un pistolet tue.
Et tu n'avois pas peur ?
ALEXIS.
Pas plus qu'une statue
Je ne bouge, cousin, quand le coup part. Moi, peur ?

JULES.

Je ne m'y fierois pas, car c'est un attrapeur.

ALEXIS.

Qu'il me tarde d'avoir mon cheval ! Qu'il me tarde !

JULES.

Voilà bien des présens, au moins, quand j'y regarde :
Un superbe cheval !... ce matin des bonbons !...

ALEXIS.

Des bonbons ? belle chose !

JULES.

Et dis-moi, sont-ils bons ?

ALEXIS.

Le cornet est encor tout entier dans ma poche :
Je n'en ai pas goûté seulement. C'est reproche,
Et non pas un cadeau, cela ; je l'ai senti.
Pour toi, c'est différent.

JULES.

Mon livre est bien gentil !

ALEXIS.

Fais-le-moi voir.

JULES.

Ecoute, Alexis, sans rien dire,
Veux-tu changer ?

ALEXIS.

Changer ? pour tout de bon ?

JULES.

Sans rire.

Donne-moi ton cornet, & mon livre est à toi ;
Veux-tu ?

ALEXIS *donnant les bonbons à Jules.*

Si je le veux ? oui, vraiment ! je le croi !
Tiens, voilà les bonbons.

JULES *donne à Alexis le livre qu'il a reçu de sa tante : il doit être enveloppé d'une feuille de papier écrit, de manière qu'il faille défaire le paquet pour lire le livre.*

Voilà mon livre.

ALEXIS *ivre de joie.*

Donne.

JULES.

Mets-le dans ta poche.

ALEXIS *mettant le livre dans sa poche avec transport.*

Oui.

JULES.

Ne le montre à personne.

ALEXIS.

Non, non.

JULES.

Cache-le bien au moins.

Comédie.

ALEXIS.
Certainement.

JULES.
Vois-tu, c'est qu'on diroit que je suis un gourmand.
(*Ils sortent joyeux, l'un d'un côté, l'autre de l'autre;
& Jules en entamant les bonbons.*)

Fin du second Acte.

ACTE III.

SCENE PREMIERE.

LUCRECE *seule.*

CEtte humeur d'Araminte est extraordinaire.
Elle, avec moi, toujours facile & débonnaire,
D'où vient son air discret, son regard sérieux
Que je n'avois jamais apperçu dans ses yeux?
Que veut dire ceci? Damis a fait tapage.
Notre Ariste a porté quelque plainte, je gage,
A ce protecteur; & lui, peu courtisan,
Aura traité sa sœur comme il traite un forban.
Je n'en suis pas fâchée; il faut une rupture;
Seroit-ce ce débat? seroit-ce la nature
Qu'on auroit fait jouer, qui lui trouble l'esprit?
Non, ce n'est pas cela; car le frere l'aigrit.
La nature après tout, ne lui fait nul reproche.
Hum!... je soupçonne ici quelque anguille sous roche.
Mais ne seroit-ce pas l'imagination
Qui trotte & qui la tient en agitation
Sur le beau Précepteur proposé par Timante?
Le moment décisif approche & la tourmente;
Le frere que l'on craint, l'amant qu'on entrevoit;
Le bonheur qu'on desire & le bruit qu'on prévoit;
Cette opposition la travaille & la mine...
Oui, oui, voilà le nœud, du moins je l'imagine.

SCENE II.

LUCRECE, TIMANTE.

TIMANTE.
LUcrece!

LUCRECE.
Qu'avez-vous?

TIMANTE.
Ah! nous sommes perdus!

LUCRECE.

Qu'est-il donc arrivé ?

TIMANTE.

Tous mes sens... confondus...

LUCRECE.

Rassurez-vous, allons au fait, point de mystere.

TIMANTE.

L'écrit de ce matin, cette lettre à mon frere,
Je ne la trouve plus ; elle a disparu.

LUCRECE.

Ciel !

TIMANTE.

Malheureux !

LUCRECE.

Du sang-froid ; voilà l'essentiel.
Cette lettre d'abord, où donc l'aviez-vous mise ?

TIMANTE.

Sous le carton en feuille, & c'est là qu'on l'a prise.

LUCRECE.

Quel carton ?

TIMANTE.

Mais le mien, & dont le tapis vert,
Qui couvre mon bureau, se trouve recouvert ;
Et sous lequel toujours on glisse son ouvrage ;
Oui, c'est là qu'on a pris cette lettre. J'enrage !

LUCRECE.

Vous pesterez demain ; est-il temps de crier ?
Avez-vous fait recherche ?...

TIMANTE.

Oui, papier par papier.
Vous pouvez bien juger de mon exactitude,
Par le genre & l'excès de mon inquiétude,
Lorsqu'allant, sans soupçon, cacheter mon paquet,
J'ai trouvé tout-à-coup que la lettre manquoit.
On l'a prise, vous dis-je.

LUCRECE.

Est-il, en votre absence,
Monté quelqu'un chez vous ?

TIMANTE.

Pas plus qu'en ma présence ;
Lorsque je suis sorti, j'ai toujours pris ma clé.
Personne n'est venu, tout vu, tout calculé.
Personne... exceptez-en Jules, & ce ne peut être
Que lui qui m'ait joué ce tour ; ce petit traître !

LUCRECE.

Quoi ! vous soupçonnez Jules ?

TIMANTE.
Et pas d'autre que lui.

LUCRECE.
Allez-le moi chercher... Non, il vous auroit fui.
(*Elle sonne.*)
Restez; & calmez-vous, en attendant qu'il vienne.

SCENE III.
LUCRECE, TIMANTE, BEAUPRÉ.

LUCRECE.
Cherchez Jules, Beaupré; qu'à l'instant on l'amene.
(*Beaupré sort.*)

SCENE IV.
LUCRECE, TIMANTE.

LUCRECE.
Plus je médite, & moins je devine pourquoi
Cet enfant auroit pu prendre...

TIMANTE.
Que sais-je, moi?
Pour jouer... déranger... pour faire une malice.
C'est un enfant maudit qui me met au supplice,
Qui brouille, brise, rompt tout ce qu'il peut saisir;
Qui se fait du désordre un suprême plaisir.

LUCRECE.
Voyons: en supposant qu'il eût pris cette lettre,
Qu'en auroit-il pu faire?

TIMANTE.
Eh! que sais-je? la mettre...

LUCRECE.
Savez-vous, dites-moi, si depuis ce matin
Il a passé céans?

TIMANTE.
Je le crois... Ah! lutin?
Petit sot!... reviens-y... Je promets, si tu l'oses...
A quoi pensez-vous donc?

LUCRECE.
Je pense à bien des choses.
Voici Jules. Tâchez, vous qui savez les faits,
De le sonder.

SCENE V.

LUCRECE, TIMANTE, JULES.

TIMANTE va prendre Jules par la main, & l'amène en sa présence, avec cette passion & cet air qui veut être imposant, usités par les pédagogues. Jules est fort intrigué, mais déterminé.

Monsieur !... voilà donc les effets
De mes sages leçons & de mes remontrances ?
Avez-vous donc sitôt oublié mes défenses ?

JULES.

Comment donc ?

TIMANTE.

Est-ce ainsi que vous m'obéissez ?

JULES.

Qu'est-ce donc que j'ai fait ?

TIMANTE.

Fi ! Monsieur, rougissez !
Je vous ai défendu mille fois, petit diable !
De toucher aux papiers que je mets sur ma table :
Cependant c'est en vain que je vous l'ai prêché.
M'avez-vous obéi ?

JULES.

Je n'en ai pas touché.

TIMANTE.

Comment ! vous ajoutez encore le mensonge ?...

JULES.

Qui vous dit que je mens ?

TIMANTE.

J'aurois passé l'éponge
Sur le vol du papier ; mais mentir devant moi !

JULES.

Je ne mens pas, Monsieur ; je n'ai rien pris, rien.

TIMANTE.

Quoi !
Sous ce large carton, qui fait le porte-feuille,
Vous n'avez pas pris, vous, un papier, une feuille ?

JULES.

Non, je ne l'ai pas prise, & je dois le savoir.

TIMANTE *se fouillant.*

Ah ! menteur effronté ! le fouet te fera voir...

JULES *courant se retrancher derriere Lucrece.*

Oui ; si vous me touchez j'appellerai ma tante.

TIMANTE *un pas sur Jules, avec colere.*

Petit scélérat ?

JULES

Comédie.

JULES *à pleine gorge.*
Ma t...
LUCRECE *mettant sa main sur la bouche de Jules.*
Laissez-le donc, Timante.
Vous avez tort d'agir de la sorte avec lui.
Un garçon raisonnable ! & si sage aujourd'hui !
Qui nous a récité sa fable comme un ange !
Le fouetter ! ah, que non ; le cas seroit étrange.
JULES.
Qu'il vienne me fouetter ! oh ! je ne le crains pas.
S'il vient, je lui mordrai les jambes & les bras.
LUCRECE *s'assied.*
Paix ! paix ! viens, mon ami, mon Jules, mon bon homme !
C'est que tu l'as fâché ; je vais te dire comme :
C'est pour le gros mensonge. Ecoute, mon chaton,
Tu l'as pris ce papier, tantôt sous le carton ;
Tu l'as pris, mon ami, ne vas pas t'en défendre,
Car c'est moi, vois-tu bien, moi, qui te l'ai vu prendre :
Ce n'est pas un grand mal. Quant à ton précepteur,
Il faut lui faire voir que tu n'es pas menteur ;
Tu lui vas avouer les choses toutes pures ;
Et je te donnerai, moi, de ces confitures,
Si brillantes de sucre, & dont tu fais grand cas ;
Heim ! pour te faire voir que, moi, je ne mens pas,
 (*Elle tire une petite boîte de confitures seches du tiroir du bureau près duquel elle est assise.*)
Tiens, regarde la boîte ; & tu l'auras entiere,
Si tu veux te montrer bien sage, à ma priere.
Allons, dis-lui bien tout, bien tout de point en point.
 (*A Timante.*)
Vous allez voir, Monsieur, que Jules ne ment point.
TIMANTE.
Quand ?...
LUCRECE.
Non pas, s'il vous plaît ; c'est moi qui l'interroge.
Quand ?... quand ?... c'étoit tantôt. Avoit-il là l'horloge,
Pour vous dire à quelle heure ? Il l'a pris ce matin,
Le papier : n'est-ce pas ?
JULES *sans parler, fait un signe de tête pour dire oui.*
LUCRECE.
Etoit-il en latin ?
JULES.
Je n'en sais rien.
LUCRECE. *
Comment ! tu vois de l'écriture ;
Et toi, si curieux, tu n'en fais pas lecture !

_____
* Il est inutile d'écrire la pantomime & le jeu muet entre Lucrece & Timante pendant cet interrogatoire ; il est assez sensible, & les Acteurs intelligens doivent assez se l'imaginer.

JULES.
Non, je ne l'ai pas lu.
LUCRECE.
Vous voyez qu'il dit tout.
TIMANTE.
Qu'as-tu fait du papier ?... Allons... va jusqu'au bout.
A qui l'as-tu fait voir ?
JULES.
A personne.
TIMANTE.
A ta tante ?
JULES.
Non.
LUCRECE.
Qu'en as-tu donc fait ?... Oh ! que je suis contente
De lui ! Tiens, baise-moi... Parle : qu'en as-tu fait ?
JULES *après une petite pause, & avec plus d'assurance que les précédentes réponses.*
Une petite barque.
LUCRECE.
Une barque ? parfait ?
C'étoit pour s'amuser, & non pas pour mal faire.
Qu'as-tu fait de la barque ?... Allons... dis ton affaire ;
Dis !...
JULES.
Je l'ai fait voguer au jet-d'eau du jardin.
LUCRECE.
Etois-tu seul ?
JULES.
Oui.
LUCRECE.
Puis, enfin ?...
JULES.
Et puis, enfin...
La barque s'est noyée.
LUCRECE.
Ecoute, je te prie ;
Ce que tu me dis là, ce n'est point menterie ?
C'est la vérité pure ?
JULES.
Oui.
LUCRECE.
Timante, à présent
Qu'il n'est plus un menteur, je lui fais ce présent ;
Je lui donne la boîte ; &, puisqu'il est si sage,
Il faut lui pardonner encore davantage,
Et ne jamais parler de ce qui s'est passé,
N'en rien dire à personne, il a tout confessé.
Je l'exige de vous.

Comédie.

TIMANTE.
Vous êtes complaisante.

LUCRECE.
A personne, à personne, & sur-tout à sa tante.

TIMANTE.
Allons, je le promets.

LUCRECE.
Souvenez-vous-en bien.
Vois-tu, mon bon ami, que nous n'en dirons rien ?
Va, va te divertir.

(Jules sort, & regarde avec des yeux méchans son Précepteur à mesure qu'il s'en va. Il entame cependant déjà les confitures ; & quand il est un peu loin, il fait des grimaces à Timante. Il doit néanmoins aller d'un pas rapide.)

SCENE VI.

LUCRECE, TIMANTE.

LUCRECE.

Avec soin & remarque,
Allez vîte au jardin, & repêchez la barque.
(Timante y vole.)

SCENE VII.

LUCRECE seule.

Nous sommes plus heureux que je ne l'aurois cru.
Oui, l'enfant m'a dit vrai : rien, rien n'aura paru.
Comme une bagatelle, indigne, en apparence,
D'attacher nos regards avec persévérance,
Peut renverser, soudain, à notre œil étonné,
Le plan le plus secret & le mieux combiné !
L'esprit supérieur mene à la réussite :
Mais les minutieux ont aussi leur mérite.
Tout ceci m'avertit qu'il faut se dépêcher,
Et parvenir au but, au hazard de broncher.
La fortune nous rit, mais elle auroit son terme.
Guettons son bon moment, & saisissons-le ferme.

SCENE VIII.

ARAMINTE, LUCRECE.

LUCRECE. *En tournant la scene, elle voit entrer Araminte, & s'arrête. Celle-ci descend la scene en réfléchissant. A voix moyenne, en se retirant vers son coin, & reculant ensuite.*

Laissons-la commencer, car des gens soucieux,
Toujours le premier mot est un mot précieux.
ARAMINTE.
Le chagrin me poursuit ; ne suis-je pas à plaindre ?
Ceux que j'aurois aimés sont ceux qu'il me faut craindre.
LUCRECE *en arriere, à voix moyenne.*
De qui veut-elle donc parler ? est-ce de nous ?
ARAMINTE.
Un acharnement !...
LUCRECE.
C'est de Damis en courroux.
ARAMINTE.
Une fausse tendresse ! un intérêt barbare !...
LUCRECE *de même.*
Oh ! que dit-elle là ?
(*Elle prend sa résolution & s'avance.*)
Quelle douleur s'empare
Ainsi de vous, Madame ? avez-vous ?...
ARAMINTE.
Du chagrin.
LUCRECE.
Tant pis, il faut le vaincre & prendre un front serein.
J'ai bien vu tout-à-l'heure, avec quelques alarmes,
Votre air ; oui, vous aviez comme un besoin de larmes.
J'ai voulu respecter votre état douloureux ;
Mais on peut y porter quelque remede heureux.

SCENE IX.

ARAMINTE, LUCRECE, TIMANTE.

LUCRECE *allant au-devant de Timante.*
Timante, pardonnez, Madame est dans la peine,
Je crains qu'en ce moment votre aspect ne la gêne...
TIMANTE *bas à Lucrece.*
L'eau du vivier est trouble, ainsi je n'ai pu voir...

Comédie.

LUCRECE *bas à Timante.*
Allez, retirez-vous: je m'en vais tout savoir,
Tout finir, s'il se peut. (*Très-haut.*) Ainsi, je vous en prie...
TIMANTE *très-haut.*
Je sors, au désespoir de mon étourderie.

SCENE X.

ARAMINTE, LUCRECE.

LUCRECE.
Allons, Madame, allons; il faut prendre sur soi;
Ne pas tout écouter. Aisément je conçoi
Que Damis en ces lieux, attiré par Ariste,
Aura, plus que jamais, tranché du moraliste.
Comme à son ordinaire, impétueux, grossier,
Portant tête de bronze avec un cœur d'acier,
Il n'a pas dû manquer d'exciter la tempête,
Et de pousser à bout votre ame & votre tête?
ARAMINTE.
Il m'a mise, en effet, au supplice. Damis
M'a dit ce que jamais mes plus grands ennemis
N'auroient osé me dire, & je perds patience.
Mais ce n'est pas là tout. Je sais l'expérience,
Qu'il est des maux plus grands & des chagrins secrets
Que je n'attendois pas.
LUCRECE.
Par des soins indiscrets...
Je n'ose... Mais souvent un mal imaginaire...
ARAMINTE.
Non, le fait est réel, très-extraordinaire,
Et j'en ai trop la preuve.
LUCRECE.
Oh!... quel mal inconnu!...
Un dommage peut-être, à vos biens survenu!...
ARAMINTE *avec un demi-sourire, que Lucrece étudie & saisit.*
Non, de la vérité, Lucrece, tu t'écartes.
LUCRECE *vivement.*
Voulons-nous la savoir? — Je vais tirer les cartes,
Et les tirer pour vous: le grand, le double jeu!
Dites? ARAMINTE *avec avidité.*
Je le veux bien. J'y donne mon aveu.
Oui, tu m'y fais penser: tire-les moi, Lucrece.
LUCRECE. *Pendant les vers suivans, elle approche une table, prend des cartes; Araminte s'assied vis-à-vis d'elle, à l'un des coins de la table, après avoir aidé Lucrece dans ses apprêts.*
Voilà le vrai moyen de sortir de détresse,

D'une ou d'autre façon, il faut savoir son sort;
Il est clair que notre ame a bien plus de ressort
Pour supporter le mal, quand on sait qu'il arrive,
Comme, pour le parer, elle est bien plus active.
Attend-on le bonheur ? d'avance on en jouit;
A mesure qu'il vient, le cœur se réjouit.
C'est un état charmant, d'une douceur extrême!
Et l'espoir du plaisir, vaut le plaisir lui-même.
J'emploirai tous mes soins, tout mon art, ce coup-ci;
Un mêlé, dont l'effet m'a toujours réussi,
C'est celui-là... * Tenez... soufflez dessus, Madame.

(Araminte souffle sur les cartes.)

Bon ! vous avez, au moins, soufflé du fond de l'ame !

ARAMINTE.

Oh ! oui, je t'en réponds.

LUCRECE *assise vis-à-vis d'Araminte, ramasse les cartes;*
& ensuite les tire avec tout le prestige usité dans cette
espece de charlatanerie trop commune.

Doucement ! car je dois
Aviser que le jeu n'échappe entre mes doigts:
Cela porte malheur, & le sort se débauche.
Fort bien... nous y voilà. Coupez... de la main gauche;
Comment faut-il vous prendre ? en trefle ou bien cœur?

ARAMINTE.

En cœur ! en cœur !

LUCRECE.

Allons; en cœur; c'est le vainqueur.

ARAMINTE.

Comme pour désigner l'ami de sa pensée,
Je choisis le valet.

LUCRECE.

La mode renversée.
Bien d'autres ont aussi cette habitude-là.
Bruit... nouvelles... caquets...

ARAMINTE *voyant sortir le valet de cœur, selon les regles*
de cette cartonomancie, marque de la joie. Sa crédulité se
manifeste de même dans le reste de la scene, par le rire, la
tristesse, l'indiscrétion ou la colere, &c.

Le voilà ! le voilà !

LUCRECE.

Bon !... fort bon !... mais très-bon !... Eh mon dieu, sur
   quelle herbe
Avez-vous donc marché ? Le jeu sera superbe ?

---

* Ce mêlé se fait en prenant le jeu de cartes dans sa main, le jeu
en dessous : on courbe le jeu entier en demi-cercle dans sa main; &
par le moyen de l'élasticité des cartes, en faisant légèrement céder la
pointe des doigts, on laisse échapper le jeu, qui vole alors avec
vitesse, une carte après l'autre, sur la table où on lance le jeu.

Comédie.

ARAMINTE.

Ah ! me voilà sortie... Un homme de barreau !...
Valet & sept de trefle !... & puis l'as de carreau.

LUCRECE.

N'avez-vous pas reçu... quelque avis... ou message ?

ARAMINTE.

Non.

LUCRECE.

De lettre... secrete ?... ou bien...

ARAMINTE.

Pas davantage.

LUCRECE.

Ou... de quelque... papier vous auroit-on fait part ?

ARAMINTE.

Du tout, du tout.

LUCRECE.

Du tout ? Alors c'est un départ...
Oui... vous avez dit vrai, rien reçu... Bon affaire !
(A part.) (Haut.)
Je respire !... Voyons. A présent, je vais faire
L'assemblage du jeu par les extrémités,
Et puis, de trois en trois, lier les vérités.
Mon explication produira des merveilles :
Ecoutez-moi bien.

ARAMINTE.

Oh ! de toutes mes oreilles.

LUCRECE *comme lisant sur les cartes.*

Un homme, - d'assez loin, - de tout point bien pourvu, -
Dont vous savez le nom, - que vous n'avez pas vu, -
Qui doit venir chez vous, - nuit & jour vous occupe. -
Et vous, - femme sensée, - & qui n'êtes pas dupe ,
Vous réfléchissez fort, - pour connoître & savoir
Si, - dans votre maison, - il le faut recevoir : -
Cet homme a de l'esprit ; il a l'ame sensible...

ARAMINTE.

Lucrece !... que dis-tu ? Cela n'est pas possible...
Incroyable !... Mais... mais tu me coupes la voix...

LUCRECE.

Mais, Madame, après tout, je dis ce que je vois.

ARAMINTE.

Tu le vois ?

LUCRECE.

Le voilà : valet de cœur, la dame :
Voilà votre maison. Rien n'est plus clair, Madame.

ARAMINTE.

Et je l'aurai chez moi ?

LUCRECE.

Mon Dieu ! s'il y viendra ?
Dix de carreau ; voyage. As de trefle ; il plaira.

ARAMINTE.
Oh !... Son âge ? pour voir si...

LUCRECE.
Vous ferez contente.
Un, deux, trois, dix de cœur ; trois fois dix sont bien trente ;
Il a trente ans.

ARAMINTE.
Eh bien ! voilà du merveilleux.

LUCRECE.
Laissez-moi donc finir.

ARAMINTE.
Parle.

LUCRECE.
Un homme orgueilleux.
Le voyez-vous en noir ? chagrinant & caustique ;
Derriere lui le sept, devant lui l'as de pique ;
Cet homme fait obstacle, & paroît empêcher
Que le valet de cœur ne vous puisse approcher...

ARAMINTE.
Tous ses efforts seront inutiles, j'espere.

LUCRECE.
Voyez-vous maintenant, en carreau, ce grand-pere ;
Cette tête à perruque, & qui fait le moqueur,
Qui vient tourner le dos au bon valet de cœur ?

ARAMINTE.
Ah ! je le reconnois : c'est mon frere en personne.

LUCRECE.
En trefle, près de vous, une femme... elle est bonne ;
La voilà bien, qui suit vos pas de bonne foi,
Et qui veille sur vous...

ARAMINTE.
Eh ! mon enfant ! c'est toi.
Tu ne te connois pas ?

LUCRECE.
Moi, Madame ?

ARAMINTE *se levant ivre de joie, & sautant au cou de Lucrece, qui se leve ensuite.*
Toi-même !
Oui, Lucrece, c'est toi : je te chéris, je t'aime ;
Et, pour te le prouver, je vais, de bout en bout,
T'ouvrir mon cœur, mon ame, enfin te dire tout ;
Car, aussi bien, avec les cartes, tu devines
Les secrets les plus grands, les choses les plus fines.
Je dois te l'avouer, cet homme de trente ans,
On me l'a proposé depuis assez long-temps ;
Pour remplacer Atiste, & l'offre m'a tentée ;
Mais aussi, d'autre part, mon ame est tourmentée.
Je redoute mon frere & le qu'en dira-t-on,
Car tu n'as pas tout dit : c'est un jeune Caton

Comédie.

Que cet homme, il est vrai, réservé, raisonnable;
Mais il est beau, bien fait, spirituel, aimable.
Je me faisois scrupule, à ne te rien céler,
Par un semblable choix, d'apprêter à parler.
Je sentois franchement qu'on diroit, dans le monde,
Que sur quelque projet un pareil choix se fonde;
Qu'un Précepteur si jeune a l'air d'un favori,
Qui pourroit, avant peu, devenir un mari.
Propos bien ridicule ! & méchanceté pure !
Car je n'y pense pas, Lucrece, je t'assure :
C'est l'intérêt d'un fils que je prends, non le mien.
Mais, que veux-tu ? mon cœur s'effarouche d'un rien;
Et cette anxiété prouve bien, sans replique,
Que l'on m'accuseroit, à tort, de politique.
Voilà le vrai motif de mes chagrins secrets.
D'un côté les brocards, de l'autre les regrets :
Que faut-il, en ceci, que mon cœur satisfasse ?
Ou le monde, ou mon fils ? que faut-il que je fasse ?

LUCRECE.

Avant de vous répondre, attendez un moment,
Que je revienne au moins de mon étonnement.
Eh bien ! après cela, que l'on dise aux joueuses,
Qu'en leur tirant le sort, les cartes sont menteuses !
J'ai donc tout diviné ?

ARAMINTE.

    Mot à mot, mon enfant !

LUCRECE.

Çà, de quoi s'agit-il ? votre cœur se défend ?
Je ne vous parle point d'Ariste, ni du frere,
Parce qu'à dire vrai, ce n'est qu'une misere :
Et que vous n'avez plus qu'à bénir le hazard,
Qui va vous délivrer d'un sot & d'un bavard.
Mais nous avons le monde & le public qui jase :
Eh ! laissez-le parler. D'ailleurs, ceci se gaze
Par la chose elle-même : & qu'il soit séducteur,
Qu'il soit beau, le jeune homme est toujours Précepteur.

ARAMINTE.

Ce n'est que sur ce pied, Lucrece, qu'il m'occupe.

LUCRECE.

Que ce soit sur un autre : eh ! vous êtes trop dupe.
Vraiment ! vous allez voir, pour les caquets d'autrui,
Qu'il faudra bonnement se priver d'un appui,
Lorsque, fort à propos, la fortune nous l'offre !
Ce seroit justement, l'avare sur son coffre,
Qui, de peur de roine, hésite d'y toucher.
S'il vous aime, cet homme, irez-vous l'empêcher ?

ARAMINTE *minaudant*.

Un peu trop lestement de son cœur tu disposes.
Dans les cartes, je crois, tu n'as pas vu ces choses.

LUCRECE.

Non, mais je puis les voir dans ce que vous valez :
Le voilà fort à plaindre ! Eh bien ! si vous voulez,
Je parie avec vous mes gages d'une année,
Qu'il n'échappera pas à cette destinée.
Dès le premier abord, présentez-vous à lui,
Telle que vous voilà, belle comme aujourd'hui,
Et je suis caution qu'il en aura dans l'aîle.
Est-ce précisément parce qu'on la voit belle,
Que l'on aime une femme ? Eh non, je vous le dis :
Non, un homme à trente ans n'est pas un étourdi :
Il sait apprécier les qualités solides.
Pensez-vous que bientôt, avec des yeux avides,
Il ne remarque pas cette grace de choix,
Que vous avez en tout, jusques au bout des doigts ?
Cet esprit qui répand, sous des termes frivoles,
Le charme & la raison dans toutes vos paroles ?
De votre douce humeur l'aimable égalité ?
Et ce fonds précieux de sensibilité,
Où pour peu qu'un jeune homme ait l'ame vive & tendre,
Il ne manque jamais, croyez-moi, de se prendre ?
Il verra tout cela notre cher Précepteur.

ARAMINTE.

Ce n'est là qu'un roman, mais il est enchanteur.
Et ce qu'avec plaisir j'y vois de bon service,
C'est que tu sais m'aimer & me rendre justice.

LUCRECE.

Oui, je vous aime trop pour ne pas seconder
Votre cœur & le sort qui veut vous accorder
La fin de votre ennui, par le départ d'Ariste,
Par l'absence d'un frere, une paix qui subsiste ;
Et par un choix nouveau le bonheur d'Alexis :
Car ce n'est, après tout, que de votre cher fils,
Madame, qu'il s'agit.

ARAMINTE *vivement.*

Oui, c'est ma grande affaire.
Sur un doux avenir on aime à satisfaire
Sa curiosité ; mais cela n'est pas clair,
Et ce ne sont souvent que des rêves en l'air.

LUCRECE.

Il n'est pas défendu de battre la campagne.
On ne fait pas la guerre aux châteaux en Espagne.
Le temps amene tout ; mais on est averti.
Vous voilà décidée il faut prendre un parti.

ARAMINTE.

Que faire ?

LUCRECE.

Renvoyer Ariste tout-à-l'heure.

Comédie.

ARAMINTE.
Lucrece, sur-le-champ ?
LUCRECE.
Voulez-vous qu'il demeure ?
ARAMINTE.
Que le ciel m'en préserve !
LUCRECE.
Eh bien ! forcez la main ;
Profitez de ce jour ; c'est vendredi demain.
ARAMINTE.
Juste ciel ! dès ce soir qu'il s'en aille bien vîte.
LUCRECE.
Deux lignes de bonne encre, & vous en voilà quitte.
(*Elle va écrire elle-même au bureau, & prononce le billet lentement & à haute voix.*)

» Des raisons puissantes, Monsieur, me forcent à confier
» à une autre personne que vous, l'éducation de mon fils ;
» vous êtes, aujourd'hui même, libre de vous retirer avec
» l'assurance de ma parfaite estime. »

Signez cela, Madame, & commencez à voir
Qu'on a de la vigueur quand on veut en avoir ;
Qu'une femme qui cede est toujours affligée.
Avouez qu'à présent vous voilà soulagée ?
ARAMINTE.
Oui, je suis satisfaite, & c'étoit trop foiblir.
LUCRECE.
Et ne voyez-vous pas votre espoir s'embellir ?
ARAMINTE.
Il est vrai, je m'y livre avec plus d'assurance.
LUCRECE.
Je vais faire passer sans autre conférence,
Le congé très-succinct à notre loup-garou,
Pour qu'il parte à l'instant, & regagne son trou.
ARAMINTE.
Fais comme tu voudras ; mais reviens, je te prie,
Me trouver dans ma chambre.
LUCRECE.
Oui ? quelque jaserie ?
ARAMINTE.
Non, non, chose importante, & que je t'apprendrai.
Je ne t'ai pas tout dit.
LUCRECE.
Oui dà ! je reviendrai.
Peut-on ne pas aimer, Madame, à vous entendre,
Vous qui parlez si bien, & d'une voix si tendre ?

Fin du troisieme Acte.

ACTE IV.

Le Théâtre représente une chambre de l'appartement de Chrisalde, meublée simplement. Un secrétaire est ouvert, & laisse voir une paire de pistolets. Au lever du rideau, Ariste est à côté d'une table sur laquelle il est appuyé des deux coudes.

SCENE PREMIERE.

ARISTE, CHRISALDE, JACQUETTE *en dehors.*

CHRISALDE *criant à l'une des portes qui donne dans l'intérieur.*

Arrivez donc, Jacquette, arrivez!
      JACQUETTE *en dehors.*
   (*Elle entre en prononçant les vers suivans.*)
                On y va.
Mon Dieu! jamais trop tard Jacquette n'arriva.
Et ne diroit-on pas, à votre humeur grondeuse,
A vos cris, que je suis ou sourde ou paresseuse?
Je n'ai point ces défauts, & chacun le sait bien.
      CHRISALDE.
Je le crois; mais un fait dont chacun ne sait rien,
Excepté moi pourtant, c'est que la faim me presse,
Que je n'ai pas diné; qu'il faut, avec prestesse,
Qu'un soupé pour nous deux soit par vous préparé.
      JACQUETTE.
Vous ne soupez jamais.
      CHRISALDE.
         Eh bien! je dinerai.
      JACQUETTE.
Que ne m'avez-vous dit cela plutôt! Instruite...
      CHRISALDE.
J'arrive dans l'instant. Pouvois-je aller plus vîte?
      JACQUETTE.
Mais Monsieur votre ami, qui croque le marmot
Depuis long-temps, pouvoit m'en dire un petit mot.
Comment faire à présent? & rien dans ma cuisine;
Puis à l'heure qu'il est: ah, mon Dieu! quelle épine!
      CHRISALDE.
Allons, faites toujours, & comme vous pourrez.
      JACQUETTE.
Eh! vous en aurez plus que vous n'en mangerez;
C'est bien moi qu'embarrasse une chose pareille!
      CHRISALDE.
Eh bien! tant mieux, tant mieux; allez donc; va, ma vieille.
                    (*Elle sort.*)

SCENE II.
ARISTE, CHRISALDE.

CHRISALDE.

Votre pressentiment n'étoit pas sans raison :
Mais vous êtes chez moi comme en votre maison ;
Restez-y seulement au gré de mon envie,
Et vous n'en sortirez, mon cher, de votre vie.
De ces gens, après tout, avez-vous donc besoin ?
Vous n'êtes pas fort riche, & vous en êtes loin ;
Mais votre avoir suffit pour vous passer des autres.
Quand on a des talens d'ailleurs tels que les vôtres,
On a cet avantage, impérissable & beau,
De porter sa fortune au fond de son cerveau,
Et d'en pouvoir offrir, selon les conjectures,
Le bilan glorieux jusqu'aux races futures.

ARISTE.

Tant d'estime est touchante & douce à recueillir.
Mais votre opinion ne peut m'énorgueillir :
Je ne m'en attribue, ou bien je n'en réclame,
Que ce qui peut tenir à la fierté de l'ame.
Oui, certes, je pourrai le dire avec orgueil,
Seul je me suis suffi de l'enfance au cercueil.
Mais s'agit-il ici de biens ni de fortune ?
Il s'agit d'Alexis.

CHRISALDE.

Quoi ! sans raison aucune,
Et sans autre propos, ou brusque ou préparé,
D'avec ce cher enfant on vous a séparé ?
Qu'en ce moment, sans doute, il a versé de larmes !

ARISTE.

On a craint que ses pleurs ne m'offrissent des armes :
On n'a donc pas manqué, jusqu'après mon départ,
De l'éloigner de moi, de le garder à part,
Et de mettre le comble à tant d'ingratitude,
En se faisant un jeu de mon inquiétude.

CHRISALDE.

Quoi ! vous êtes parti sans le voir ?

ARISTE.

Sans le voir.

CHRISALDE.

Que va-t-il devenir, quand il va tout savoir ?

ARISTE.

Vous imaginez bien, par ce préliminaire,
Que ceux qui l'ont soustrait ont la marche ordinaire
L'imposture, à coup sûr, ne leur manquera pas ;

Dans tel ou tel endroit j'aurai porté mes pas ;
Demain je reviendrai, demain autre mensonge :
De jour en jour ainsi son erreur se prolonge.
Confiant comme il est, il ne faut pas user
De tant de ruse & d'art, mon cher, pour l'abuser.
CHRISALDE.
O le pauvre innocent !... les autres, quelles ames !
Comment se permet-on ces procédés infames ?
ARISTE.
Je ne vous parle point des affronts dégoûtans
Que l'on a cru me faire à travers tout le temps
Qu'a duré mon départ, pour le hâter, sans doute ;
Des mauvais quolibets parsemés sur ma route,
Des mines, des rébus : oui, j'ai vu tout cela,
Mais sans émotion, ma douleur étoit là.
CHRISALDE.
Quel ramas de pervers ! Si vous m'en voulez croire,
Vous bannirez ces gens loin de votre mémoire,
Eux tous & leur maison, vous n'y penserez plus.
ARISTE.
Distinguons, mon ami : j'ai jugé superflus
Des efforts, des délais, toute objection forte,
Pour suspendre l'effet d'un congé de la sorte ;
J'ai cru de la raison & de ma dignité,
De ne point éluder la juste autorité
D'une mere qui croit très-bien faire, peut-être ;
Et je suis donc sorti. Mais je ne suis pas maître
D'abandonner ainsi l'ame, le cœur, l'esprit,
Le corps, la destinée enfin qui me sourit,
D'un enfant enchanteur, de si belle espérance,
Et que dépraveroient le vice & l'ignorance.
CHRISALDE.
Je ne vous comprends point... Comment ! vous prétendez...
ARISTE.
Damis me reste encore, & mes vœux sont fondés.
Tout en vous attendant ici, je viens d'écrire.
Damis, en ce moment, est peut-être à me lire ;
Il ouvrira les yeux de sa sœur dans l'instant.
CHRISALDE.
Mais je l'ai vu tantôt ; pourquoi tardoit-il tant ?
ARISTE.
Sept ans entiers de soins n'auront pas ce salaire.
Alexis reviendra sous ma main tutélaire.
CHRISALDE.
Mais vous n'y pensez pas, mon brave & cher ami !
Ou, jusqu'à ce moment, je n'ai vu qu'à demi.
Quoi ! malgré tant d'horreurs lors de votre retraite,
Et l'indigne façon dont je vois qu'on vous traite ;
Après tous les mépris évidens & complets

De toute une maison, tant maîtres que valets,
D'y remettre les pieds il vous reste l'envie !
Plutôt que d'y rentrer, moi, je perdrois la vie :
Et je tiendrois mon rang, pour les bien avertir
Que l'on sent ce qu'on vaut, s'ils n'ont pu le sentir.
ARISTE.
Chrisalde, je le sais, nos mœurs & nos usages
Permettent cet orgueil aux hommes les plus sages ;
Je n'examine pas si c'est un préjugé.
Si mon premier devoir me crioit : « sois vengé ; »
Ma haine auroit beau jeu dans cette brouillerie ;
Mais je ne la sens point, & mon devoir me crie :
« Sauve, sauve Alexis d'un désastre complet ! »
Et que me fait, à moi, la morgue d'un valet ?
Est-il un sentiment que pour lui je possede,
Si ce n'est la pitié pour un mal sans remede ?
De quel ressentiment armerai-je mon cœur
Contre une mere foible, en proie à son erreur,
Qui de très-bonne foi, cherchant les meilleurs maîtres
Pour donner à son fils des notions champêtres,
Veut qu'on lui fasse voir, par des moyens aisés,
Des troupeaux de carton & des pâtres frisés ?
Prétendre me venger, seroit une chimere ?
Punirai-je Alexis des erreurs de sa mere ?
CHRISALDE.
Non pas, certes, l'enfant ; mais la mere très-fort.
Ariste, à vous entendre, on diroit que j'ai tort ;
Mais je vois votre outrage, il m'indigne, il m'accable.
Je vous le dis, je suis rancuneux comme un diable,
Et vous en penserez tout ce qu'il vous plaira ;
Mais je tiendrois rigueur l'enfant en pâtira :
C'est un malheur pour lui ; mais tant pis pour la mere :
Sa douleur quelque jour en sera plus amere.
Du reste, vous aurez perdu sept ans de soins :
Voilà tout, & peut-être un bon sujet de moins.
ARISTE.
Un bon sujet de moins ? Que venez-vous de dire ?
Pour vous désabuser, ce mot seul doit suffire.
Seroit-ce donc si peu qu'un bon sujet de moins ?
De leur grand nombre, ami, vos yeux sont-ils témoin ?
Ces hommes précieux, véritablement hommes,
Les voit-on fourmiller dans le siecle où nous sommes ?
Dans le besoin pressant où s'en trouve l'Etat,
Savez-vous ce qu'un homme, un seul est en état
D'y produire de bien, quand la bonne culture
A versé dans son cœur l'amour de la nature !
Oh ! comment en tracer l'effet avantageux !
*(Il prend Chrisalde par la main, &, par son air, sa
chaleur, son attitude, appelle sa forte attention.)*

Pour n'y vivre que d'herbes ou d'insectes fangeux;
Supposez-vous jeté dans une île déserte,
Quand vous venez à faire, un jour, la découverte,
Dans la poche ou les plis de votre vêtement,
D'un grain de bled, d'un seul... O quel ravissement!
Quel espoir tout-à-coup élargit vos idées!
Que vos plaines déjà vous semblent fécondées!
Comme vous abritez dans le creu de la main
Ce trésor qui pourroit suffire au genre humain!
Avec quel saint amour vous préparez la terre,
A qui vous confiez ce germe salutaire!
Comme vous épiez, sur le sol accroupi,
Sa pointe de verdure où doit naître l'épi!
Avec quels soins prudens, quand son tuyau s'élève,
D'une eau pure & de sel vous nourrissez sa seve,
Comme à tous ses progrès, attentif & présent,
Vous écartez de lui tout voisin malfaisant!
L'épi mûrit enfin, & ce seul grain fertile,
De ses nombreux enfans couvre bientôt votre île.
Instruit par la nature & par la vérité,
Tel croissoit Alexis pour la postérité.

CHRISALDE.

Ma foi! que voulez-vous, mon cher, que je réponde?
Je vous donne raison, ainsi que tout le monde...

SCENE III.

ARISTE, CHRISALDE, JACQUETTE.

JACQUETTE.

Près du feu, mon souper, bien chaud & recouvert,
Se repose un moment. J'ai dressé le couvert
Dans le petit sallon où le poêle se hâte;
Vous serez-là, tous deux, comme des coqs en pâte.
Donnez-vous patience encor quelques instans,
Que l'on ait apporté les choses que j'attends.

CHRISALDE.

Faites votre ménage, on attendra, ma vieille.

JACQUETTE *hargneuse.*

Ma vieille! je n'ai plus que ce mot dans l'oreille.
Vieille! pourquoi vouloir me donner ce renom?
Vieille n'est, après tout, mon âge, ni mon nom.

CHRISALDE.

Hé bien! ma jeune, allez, & point de fâcherie.

JACQUETTE.

Et, vous-même, êtes-vous bien jeune, je vous prie?
Eh mon dieu! que de gens nomment les autres vieux,
Pour déguiser leur âge, & n'en valent pas mieux.

(*On sonne.*)

CHRISALDE.

Comédie.

CHRISALDE.
Qui sonne ainsi ? Jacquette, allez voir à la porte ?
JACQUETTE.
Bon ! je sais ce que c'est, & ce que l'on m'apporte.
(On sonne plus fort.)
Allez vous mettre à table, il est temps. Que de bruit ?
(Elle va ouvrir.)
CHRISALDE.
Venez, il faut songer à bien passer la nuit,
Et ne pas se livrer à la mélancolie.
(Il prend Ariste par la main pour l'emmener & lui fait tourner la scene.)
JACQUETTE *en dehors, & très-haut.*
Sans doute il est ici : quel feu ! quelle folie !

SCENE IV.

ARISTE, CHRISALDE, JACQUETTE, ALEXIS.

ALEXIS *accourant dans les bras d'Ariste.*
AH ! mon ami, c'est vous !
ARISTE.
Alexis !
ALEXIS.
Je vous vois !
Je ne vous quitte plus, mon ami, cette fois.
Mais embrassez-moi donc bien fort.
ARISTE.
Enfant aimable !
CHRISALDE.
Et moi donc ?
ALEXIS. *Il embrasse Chrisalde.*
Vous aussi, Chrisalde... Misérable !
J'ai bien cru que jamais je ne pourrois trouver
La rue & la maison.
ARISTE.
Je vous vois arriver,
J'y reconnois l'effet d'une amitié bien vive :
Mais au moins dites-moi comment la chose arrive ?
ALEXIS.
Comment ? la chose est bien facile à concevoir.
J'étois déjà resté trois heures sans vous voir,
Quand je suis remonté. Je vous cherche, personne.
Où donc est mon ami ?.... Je cours... Je questionne...
L'un me dit : « je ne sais ; » l'autre : « il va revenir. »
Lucrece, qui vouloit en bas me retenir,
M'a dit que vous étiez parti pour la campagne,
Pour aller me chercher ce beau cheval d'Espagne

H

Que mon oncle Damis m'a promis ce matin.
Pourquoi partir sans moi ? Mais voici qu'Augustin...
Vous savez, mon ami, ce bon vieux domestique,
Et que vous aimez tant, qui parle de musique,
Dont les autres toujours se moquent méchamment ;
Augustin, je le vois : c'est qu'il pleuroit vraiment !
Je lui parle de vous, & ce pauvre bon-homme
M'a dit comment la chose étoit venue, & comme
Vous étiez renvoyé pour toujours, pour toujours !
Que je ne vous verrois jamais plus de mes jours.
(*Il pleure à chaudes larmes.*)
ARISTE.
Alexis !
CHRISALDE.
Tu le vois, ne pleure pas mon ange.
JACQUETTE.
Mon dieu ! le brave enfant ! quel esprit ! c'est étrange !
ALEXIS.
Jugez de mon chagrin de me trouver sans vous.
Je vais prier maman & Lucrece, enfin tous ;
Personne ne m'écoute ; & maman & Lucrece,
Et puis Timante aussi disent que rien ne presse.
Eh bien ! que fais-je alors ? Je m'imaginois bien
Que vous seriez ici : je m'échappe & je viens ;
Je savois la maison & le nom de la rue,
Et me voilà courant. Mais la nuit est venue ;
Je me suis égaré ; mon chemin s'effaçoit :
Je m'en informois bien au monde qui passoit :
L'un me disoit à gauche, & puis un autre à droite...
JACQUETTE.
Il doit être abîmé, le voyez-vous ; tout moire.
ALEXIS *avec gaieté, & joyeux de ce qu'il va dire.*
Ecoutez, écoutez ! comme, plus je marchois,
Moins je trouvois la rue & ce que je cherchois,
Je me suis avisé d'une bien bonne chose ;
Si je vous ai trouvé, ma boussole en est cause.
(*Il tire sa boussole.*)
Ma boussole aujourd'hui m'a conduit à ravir.
Nous trouvâmes, au champ, comme il faut s'en servir.
Ma boussole, ce soir, m'est venue à l'idée :
Vous allez voir comment ma marche s'est guidée.
Maman loge au midi ; Chrisalde, juste au nord ;
Aux deux bouts de Paris. Bien, je pose d'abord
Sur le bout d'une borne, au premier reverbere,
Ma boussole qui tourne : & voyez ma colere ;
C'étoit tout au rebours que s'adressoient mes pas :
Chrisalde loge ici ; moi, j'allois par là-bas.
Je change de chemin. De ruelle en ruelle,
Je consulte l'aiguille, & je vais droit comme elle ;

Comédie.

Si bien qu'en cette rue, enfin, je suis venu :
Au bout de quatre pas, je me suis reconnu ;
J'ai découvert bientôt cette maison sans peine,
Et je suis arrivé, mon ami, hors d'haleine.
CHRISALDE.
Quel enfant ! Alexis, mon ange, mon bijou !
Que je t'embrasse : allons, viens me sauter au cou;
JACQUETTE.
Quelle charmante langue !.. ah... ah !... c'est un prodige !
ALEXIS à *Ariste*.
Qu'avez-vous, mon ami ? qu'est-ce qui vous afflige ?
ARISTE.
Quel mélange de peine & de sentimens doux !
ALEXIS.
A propos, avec moi j'ai pris tous mes bijoux
Pour vous les apporter.
(*Il va les poser l'un après l'autre, & vidant ses poches*
sur une table de l'autre côté de la scene.)
Les voilà, sans réserve.
Tout ce que je possede est à vous.
CHRISALDE.
Mais j'observe
Votre silence, Ariste, & votre air entrepris :
Comment ! de tout cela vous n'êtes pas surpris ?
Emerveillé ?
ARISTE.
Pourquoi ? la nature est si bonne !
Tout ce qu'il fait est simple, & n'a rien qui m'étonne.
Il s'agit maintenant d'autre chose, Alexis !
(*Alexis, appellé, finit & quitte la table ; il vient à son ami*
qui s'assied & le prend près de lui en continuant.)
Oui, nous nous aimons bien !
ALEXIS.
Bien !
ARISTE.
Vos sens sont rassis;
Instruisez-moi d'un fait.
ALEXIS.
De quoi ?
ARISTE.
Seule, à cette heure ;
Que fait maman ?
ALEXIS.
Maman ?
ARISTE.
Oui.
ALEXIS.
Je crois qu'elle pleure.

ARISTE.
Et pourquoi pleure-t-elle ?
ALEXIS.
A cause, mon ami,
Qu'elle me croit perdu peut-être.
ARISTE.
J'ai gémi
De me voir loin de vous ; beaucoup gémi, sans doute ;
Je sens ce qu'à maman votre éloignement coûte :
Vous le sentois aussi. Mais je n'ignorois pas
En quel lieu vous étiez, où s'adressoient vos pas ;
Et maman n'en sait rien : vous jugez de ses larmes ?
ALEXIS.
Oui, mon ami.
ARISTE.
Qui peut terminer ses alarmes ?
ALEXIS.
Moi, mon ami.
ARISTE.
Comment !
ALEXIS *vivement*.
Vous viendrez avec moi,
Si ce soir je retourne à la maison : sans quoi,
Je ne peux me résoudre à m'y laisser conduire.
ARISTE.
Je ne sais qu'en penser. Mais je dois vous instruire
Que, moi, j'aime beaucoup ma bonne mere aussi ;
Que si de mon absence elle pleuroit ici,
Et qu'en votre maison, où nous serions ensemble,
Vous me disiez alors, mon ami, qu'il vous semble
Honnête, bon, humain que je reste avec vous,
Plutôt que de venir embrasser les genoux
De ma pauvre maman souffrante & malheureuse,
Je croirois, Alexis, votre amitié trompeuse :
Mais je vous connois trop, pour qu'en un cas pareil,
Alexis pût jamais me donner ce conseil.
ALEXIS *vivement*.
Oh non !
ARISTE.
Vous l'attendez cependant de moi-même !
Alexis, quand je sens à quel point je vous aime,
Il m'est bien douloureux aujourd'hui d'éprouver
(*Il se leve.*)
Que vous n'en croyez rien ; & c'est me le prouver.
ALEXIS.
Non, non ; vous vous trompez, mon ami, je l'assure :
Je crois que vous m'aimez.
ARISTE.
Cette erreur m'est bien dure !

Comédie.

ALEXIS.
Oh! soyez sans courroux!
ARISTE.
      Mon cœur en est touché.
ALEXIS.
J'aime mieux être mort que de vous voir fâché.
CHRISALDE *prenant Alexis.*
Ne l'affligez donc pas, Ariste, je vous prie.
Ne pleure pas, mon fils; c'est par plaisanterie.
ARISTE *à demi voix.*
Jacquette, une voiture à l'instant, s'il vous plaît.
JACQUETTE.
         (*On sonne.*)
La place est à deux pas. Ah! voici mon poulet.
        (*Elle va ouvrir.*)
ALEXIS *suppliant.*
Voulez-vous, mon ami, qu'Alexis vous embrasse?
(*Ariste serre Alexis dans ses bras, avec attendrissement.*)

SCENE V.

ARISTE, CHRISALDE, ALEXIS, JACQUETTE;
UN COMMISSAIRE *avec quatre hommes.*

CHRISALDE.
Qu'est-ce donc que ceci? Messieurs, à qui, de grace,
En voulez-vous?
LE COMMISSAIRE *à Chrisalde.*
    Ariste: est-ce là votre nom?
ARISTE.
C'est le mien. Que faut-il?
LE COMMISSAIRE.
      Ah! c'est le vôtre? bon!
N'est-ce pas Alexis que cet enfant s'appelle?
ALEXIS.
Oui, je m'appelle ainsi.
LE COMMISSAIRE.
      Je prends sous ma tutelle
Le susdit Alexis, trouvé dans cet endroit,
Pour, après, par mes mains, le rendre à qui de droit.
Et quant à vous, Ariste, il faut me suivre.
CHRISALDE.
         Peste!
Tout doucement, Monsieur: l'erreur est manifeste.
ALEXIS.
Quoi donc?

ARISTE.
Vous suivre, moi ? Quelle en est la raison ?
LE COMMISSAIRE.
Enlever un enfant du sein de sa maison,
Pour l'attirer ici ; le tromper ! le séduire !
N'est-ce rien, selon vous ? On a su nous instruire...
ARISTE.
Je n'ai point attiré cet enfant. Je suis prêt...
ALEXIS.
Je suis venu tout seul ; mon ami l'ignoroit.
ARISTE.
Je suis prêt, je vous dis, si vous voulez m'entendre...
LE COMMISSAIRE.
Ce n'est pas moi, Monsieur, à qui vous devez rendre
Compte de tout ceci. Venez...
ALEXIS.
Où voulez-vous
Mener mon bon ami !
LE COMMISSAIRE.
Là, mon petit tout doux...
CHRISALDE.
Mais si c'est en prison que vous menez Ariste,
Moi, je le cautionne.
ALEXIS *épouvanté.*
En prison !
LE COMMISSAIRE.
Je persiste...
ALEXIS *hors de lui.*
En prison ! en prison !... mon ami !... qu'est ceci ?
Non, non, il n'ira pas...
(*Il vole vers le secrétaire, prend un pistolet, & venant servir de rempart à Ariste, il met en arrêt le Commissaire, le tout en un clin d'œil. Le Commissaire & ses gens ont peur.*)
Monsieur, sortez d'ici,
Ou sinon je vous tue.
ARISTE *relevant le pistolet.*
Alexis !
CHRISALDE *le désarme & tire Alexis à côté.*
Comment diable !
Sais-tu qu'il est chargé ? paix ! paix !
ALEXIS.
O misérable !
Qu'a-t-il fait, mon ami, pour aller en prison ?
CHRISALDE *calmant Alexis.*
Il n'ira pas, crois-moi ; mon fils, de la raison !
ARISTE *au Commissaire.*
Sur tout ceci, Monsieur, recevez mon excuse,
C'est un enfant.

Comédie.

LE COMMISSAIRE.
Fort bien? est-ce ainsi qu'il s'amuse?
ARISTE.
Si vous étiez au fait, vous verriez, comme moi,
Que la nature ici l'emporte sur la loi,
Par le vif sentiment même de la justice.
Il se sent opprimé, non pas sur un indice,
Mais il en a la preuve entiere dans son cœur,
Et ce n'est pas à lui qu'appartient son erreur.
Quoi qu'il en soit, suivez l'ordre qu'on vous impose,
Et chez le Magistrat, avant toute autre chose,
Veuillez bien me mener,
LE COMMISSAIRE.
L'ordre le dit ainsi.
ARISTE.
Vous, Chrisalde, restez ; ne sortez pas d'ici ;
Peut-être que Damis pourroit s'y rendre encore.
(à Alexis.)
Adieu, mon bon ami.
ALEXIS désolé & noyé de larmes.
Viendrez-vous?
ARISTE.
Je l'ignore.
Terminez de maman les regrets douloureux.
(Il embrasse encore Alexis, & le quitte.)
ALEXIS emmené par le Commissaire.
Mon ami !... mon ami !... que je suis malheureux !
(Jacquette éclaire, sans sortir, le grouppe qui sort.)

───────────

SCENE VI.

CHRISALDE, JACQUETTE.

JACQUETTE.
Qu'est-ce donc que ceci, Monsieur ?
CHRISALDE.
C'est une rage
Qui poursuit, des humains, le meilleur, le plus sage.
JACQUETTE.
Savez-vous que j'ai craint que, pour dernier malheur,
On ne vous emmenât?
CHRISALDE.
Qui, moi ?
JACQUETTE.
J'en avois peur.
CHRISALDE.
Ma foi ! c'étoit de droit pour l'un comme pour l'autre.

JACQUETTE.

Mais, sur ce cher enfant, quelle idée est la vôtre ?
Avouez qu'on n'est pas plus charmant que cela.

CHRISALDE.

C'est un ange du ciel.

JACQUETTE.

     Ses bijoux, que voilà,
Qu'il porte à son ami d'un air tout plein de grace.

CHRISALDE.

Il faut les renvoyer.

JACQUETTE.

    Oui.

CHRISALDE.

     Que je les ramasse.
Un petit nécessaire !... un porte-crayon d'or !...
La bonne créature !... & puis sa montre encor !
Qu'est-ce que ce paquet ?... un livre... quelque étrenne...

JACQUETTE.

Bien garni d'or par-tout.

CHRISALDE.

    « *Fables de la Fontaine.* »
Reployons...

  (*Il s'arrête au papier qui enveloppoit le livre.*)
   Qu'est ceci ?... diable !... lisons...

JACQUETTE.

         Ce soir,
Ariste viendra-t-il ? comptez-vous le revoir ?
Mais, à propos, Monsieur, votre faim qui repose :
Le soupé, maintenant, ne vaudra plus grand'chose.
Voulez-vous que je dresse une table en ce lieu ?
Vous mangerez toujours en attendant...

CHRISALDE *avec le cri de l'effroi.*

         Oh ! dieu !!!

(*Il va de côté & d'autre chercher sa canne & son chapeau, avec la rapidité & l'étourdissement d'un homme égaré, & finit par sauter hors de la porte, & puis les escaliers.*)

JACQUETTE *éperdue.*

Eh ! Monsieur, qu'avez-vous ? qu'est-ce qui vous arrive ?
Où courez-vous ?... hélas !... je suis toute craintive...
Qu'est-ce ?... quoi donc ?... comment ?... quelle confusion !...
Va-t-on recommencer la révolution ?

Fin du quatrième Acte.

ACTE V.

La Scene est chez Araminte. Le Théâtre comme aux trois premiers Actes.

SCENE PREMIERE.

ARAMINTE, LUCRECE, TIMANTE.

LUCRECE.
Voyez que je n'ai pas un esprit à rebours ;
Que j'ai bien deviné.
ARAMINTE.
   Tu devines toujours.
Que ne vous dois-je pas, Timante !
TIMANTE.
      A moi, Madame ?
J'ai suivi le penchant le plus doux de mon ame.
Servir de votre cœur la sensibilité,
C'est le charme du mien & ma moralité.
ARAMINTE.
On a donc découvert mon fils auprès d'Ariste ?
TIMANTE.
Justement, chez Chrisalde.
LUCRECE.
     Il faut donc qu'à la piste
Cet enfant ait suivi son maudit Précepteur.
TIMANTE.
Heureux d'être choisi pour son libérateur,
Je me suis acquitté de cette bagatelle
Avec tous les soins dus à l'amour maternelle.
D'abord, au Magistrat, homme sensible & doux,
J'ai, sans peine, inspiré de l'intérêt pour vous.
J'ai peint, comme il falloit, cette amitié factice
Entre Ariste & l'enfant ; &, grace à sa justice,
Au moyen de son ordre, un Commissaire actif
A bientôt retrouvé le petit fugitif.
Vous allez le revoir ; il vient ; il est en route.
LUCRECE.
J'entends une voiture.
TIMANTE.
    Il arrive, sans doute.
      (*Lucrece sort.*)

SCENE II.

ARAMINTE, TIMANTE.

ARAMINTE.

Il n'a quitté mes bras qu'à la chûte du jour ;
Vous n'imaginez pas combien, à son retour,
J'éprouve de plaisir.

TIMANTE.

Sans peine, on l'imagine.
Hors du commun votre ame a pris son origine ;
D'un élément plus tendre elle émane, à coup sûr ;
Elle a je ne sais quoi de céleste, de pur ;
Le feu du sentiment s'y lie & la compose,
Comme un parfum exquis se marie à la rose ;
Et son effusion n'est qu'amour & bonté,
Qui se répand sur tout avec suavité.

ARAMINTE.

Que vous vous exprimez avec délicatesse !

SCENE III.

ARAMINTE, TIMANTE, LUCRECE, ALEXIS.

LUCRECE.

Voici le déserteur.

ALEXIS *courant à sa mere, & l'embrassant.*
Calmez votre tristesse ;
Ne pleurez plus, maman, je reviens près de vous.
Vous m'avez cru perdu, sans doute ?

ARAMINTE.

Mon courroux
Ne veut point éclater, mon fils, je vous pardonne.
Cependant, s'en aller sans consulter personne...

ALEXIS.

Maman, je n'avois garde ; on m'auroit retenu.

ARAMINTE.

On eût bien fait.

ALEXIS.

Comment serois-je parvenu
A revoir mon ami ?

ARAMINTE.

Quoi ! votre ami ? J'approuve
L'amitié, si l'on veut, que votre cœur éprouve
Pour votre Précepteur, tant que, dans ma maison,
De vous livrer à lui, je crois avoir raison ;

Comédie.

Mais quand je le renvoie & que j'en prends un autre,
Vous n'êtes son ami pas plus que lui le vôtre ;
Et si vous l'ignorez, c'est moi qui vous l'apprends.

ALEXIS.

Cela ne se peut point : ce sont des ignorans
Qui vous ont dit cela, maman ; il est sensible
Que vous voulez m'apprendre une chose impossible.

ARAMINTE.

Comment ! que dites-vous ?

TIMANTE.
     Alexis ! vous manquez
De respect à maman.

ALEXIS.
    Qui ! moi ? Vous vous moquez.
Je manque de respect à maman ! Au contraire,
Je l'instruis d'une chose, & d'une chose claire ;
Car maman est trompée, & le seroit toujours,
Si je n'en disois rien. Oui, maman ; de mes jours
Je ne pourrai cesser d'être l'ami d'Ariste,
Non plus que lui le mien. Il est triste, moi triste :
Nous sommes bien chagrins l'un de l'autre éloignés !
Oh ! qu'il revienne ici tout de suite ! Plaignez
Ce pauvre bon ami, qui m'appelle à toute heure !
Plaignez votre Alexis, qui gémit & qui pleure !

(*Alexis, suffoqué par ses larmes, erre de désespoir, & va les verser dans un coin, où il se jette dans un fauteuil.*)

LUCRECE.

On l'a fort bien instruit.

TIMANTE.
    C'est un tour concerté.

LUCRECE.

Un jeu fait à la main, & qu'il a répété.

ARAMINTE *voulant retenir ses larmes*.

Je l'imagine bien : oui, la chose est visible.

LUCRECE.

Vous pleurez ?... la bonté !

TIMANTE.
     Madame est trop sensible.

LUCRECE.

Vous n'êtes pas au moins dupe de tout ceci ?

TIMANTE.

Madame a trop d'esprit...

ARAMINTE.
    Tu peux le croire ainsi.

ALEXIS *revenant à sa mere*.

Vous le voudrez, maman, n'est-ce pas qu'il revienne ?
Vous causeriez sa mort, vous causeriez la mienne,
S'il falloit, tous les deux, ne jamais nous revoir.

Les Précepteurs,

ARAMINTE.

Votre mere, mon fils, mieux que vous doit savoir
Tout ce qui vous convient. Soyez sage, docile :
Si vous aimiez Ariste, il vous sera facile
D'aimer encore plus un autre Précepteur.

ALEXIS avec alarme & impétuosité.

Non, je n'en veux point d'autre...

(*Dans son désespoir, il va encore se jetter sur un autre siege.*)

LUCRECE.

Ici, perce l'auteur,
Et voilà le grand point recommandé d'avance.

TIMANTE.

Ce cri subit, lui seul, prouve la connivance.

ALEXIS.

Non, je n'en veux point d'autre, ou je mourrai d'ennui ;
Un autre ! est-il possible ?... Oh ! je ne veux que lui.

(*Avec chaleur.*)

Maman ! si vous saviez comme mon ami m'aime !
Sa tendresse pour moi, sa complaisance extrême !
Demandé-je une chose, il sourit à mes vœux :
Je fais ce qu'il me dit, & lui, ce que je veux.
Jamais il ne se fâche : & sur tout plein de choses,
Si nous voulons savoir pourquoi, pour quelles causes,
Tout ceci, tout cela, pour nous ou pour autrui,
C'est lui qui me l'explique, ou je l'explique à lui ;
Et nous nous accordons tous les deux à merveille !
Le matin, s'il m'embrasse, ou si moi je l'éveille,
Il me demande alors quel seroit mon désir :
Toujours il le veut bien ; toujours c'est du plaisir.
Non, je n'en veux point d'autre. O bon Monsieur Timante !
Parlez un peu pour moi ; faites qu'on me contente ;
Priez : vous n'avez pas, Timante, un cœur d'airain :
Si Jules vous manquoit, vous auriez du chagrin.

TIMANTE.

Certainement... je veux...

ALEXIS.

Oh oui ! votre ame est bonne ;
Et vous, Lucrece aussi : que maman vite ordonne
Que l'on aille chercher mon ami sur-le-champ.
Si vous saviez sa peine ! A moins d'être un méchant,
On ne pourroit la voir sans pleurer. Je vous prie
Que, par votre bonté, maman soit attendrie ;
Priez, parlez pour moi !...

LUCRECE.

Mon enfant, calmez-vous ;
Ecoutez, écoutez : maman est en courroux.
Déserter la maison & nous mettre en alarmes,
De sa bonne maman faire couler les larmes,

Comédie.

Voilà de quoi vous rendre & docile & confus ;
Cela mérite bien quelque peu de refus ;
Mais tout s'appaisera : laissez, laissez-moi faire ;
Venez, j'arrangerai comme il faut cette affaire.

ALEXIS.
Vous parlerez pour nous ?

LUCRECE.
Oui.

ALEXIS.
Quand ?

LUCRECE.
Je parlerai.

ALEXIS.
Ce soir ?

LUCRECE.
Peut-être.

ALEXIS.
Oh ! ! ! oh ! que je vous aimerai !

LUCRECE.
Venez avec moi. Mais sur-tout de la sagesse.

ALEXIS.
Tout ce que l'on voudra, je le ferai, Lucrece.

LUCRECE prend Alexis par la main.
Venez.

ALEXIS, plein d'espoir, court à sa mere.
Embrassez-moi, maman, chere maman.

(*Il se laisse emmener par Lucrece ; & se tournant vers sa mere, il la supplie de la tête en s'éloignant.*)

SCENE IV.
ARAMINTE, TIMANTE.

TIMANTE.
Madame, quand je vois l'effet d'un tel roman,
Cette discrétion, dont mon ame se pique,
Doit s'éclipser devant votre intérêt unique,
Je n'examine plus qu'il s'agit d'appeller
Mon frere, & qu'il faudroit, moi-même, n'en parler,
De telle intimité que son bonheur me touche,
Qu'autant qu'il vous plairoit de m'en ouvrir la bouche ;
Mais je vois le danger...

ARAMINTE.
Et je le vois pressant.

TIMANTE.
Votre fils intéresse ; un beaume caressant
Doit couler, sans délai, sur sa tendre blessure.

Il faut un esprit sage, autant qu'une main sûre,
Pour calmer avec art ce pauvre petit cœur.
Tant léger soit le mal, il n'y faut de longueur :
Et je me trompe fort, ou mon frere, Madame,
Va subjuger, charmer en peu cette jeune ame,
Qui n'a soif, après tout, dans son affliction,
Que d'un cercle éternel de dissipation.
ARAMINTE.
Je suis de votre avis... Eh bien ! il faut écrire.
TIMANTE.
A vos ordres, Madame, il est doux de souscrire ;
Vos vœux, en peu de jours, seront tous satisfaits.
ARAMINTE.
Ah ! je compte vos soins comme autant de bienfaits.
TIMANTE.
Il ne s'agira plus, dans ce court intervalle,
Que de donner le change à l'amitié rivale ;
Et l'on commence même à l'y bien disposer.
Je crois que sur Lucrece on peut s'en reposer.
ARAMINTE.
Oui, sans doute : il n'est pas de meilleure personne.
TIMANTE.
Mais si j'ai le tact juste & la vue assez bonne,
Je lui trouve pour vous un grand attachement,
Délicat par ses soins, dans sa gaîté charmant,
Et digne à tous égards de votre confiance.
ARAMINTE.
Elle l'a toute entiere ; & par expérience,
J'assure que mon cœur n'a pu la mieux placer ;
Et la lui gardera, sans jamais se lasser.

SCENE V.
ARAMINTE, LUCRECE, TIMANTE.
LUCRECE.
Ah ! Madame, voici Monsieur Damis.
ARAMINTE.
Mon frere !
LUCRECE.
Il traverse la cour.
ARAMINTE.
Ah ! je me désespere !
Voici de nouveaux trains... Ah ! ne me quittez pas.
LUCRECE.
Mais, vous, cessez plutôt de marcher de ce pas.
Quittez cette foiblesse, & prenez un ton ferme.
Est-il le maître, ici ? Tout doit avoir son terme.

Comédie.

S'il le fut, c'est le mal : soyez-le, c'est le bien.
Le bruit n'est que du bruit : allez, ne craignez rien :
S'il en fait un peu trop, faites-en davantage,
Et toujours au-dessus tenez-vous d'un étage.
Je vous seconderai ; me le permettez-vous ?
ARAMINTE.
Lucrece, volontiers ; je t'en prie.
TIMANTE.
       Entre nous,
Si mon petit secours pouvoit vous être utile...
ARAMINTE.
Vous de même, Timante.
TIMANTE.
      Il verra de mon style.
LUCRECE.
Prenez courage : allons, vos droits sont en commun ;
Vous allez voir beau jeu, nous voilà trois contre un.

SCENE VI.

ARAMINTE, LUCRECE, TIMANTE, DAMIS.

DAMIS.
Me voici, chere sœur, avec mon claboudage ;
Pour la seconde fois, je viens à l'abordage ;
Mais ce coup-ci, j'espere, au jour de mes salots,
Remorquer ma frégate & couler les brûlots.
ARAMINTE.
Je soupçonne, à-peu-près, tout ce qui vous attire :
Mais, une bonne fois, je veux bien vous le dire :
Mon frere, un bon parent n'est jamais indiscret.
A quoi bon des conseils écoutés à regret ?
Je n'ai pu les goûter, ni les mettre en pratique ;
J'ai mes raisons aussi, comme ma politique.
DAMIS.
Peste ! vous êtes brave, & voilà parler clair.
LUCRECE.
On ne vous dit pas tout : on vous a trouvé l'air
Trop peu persuasif, comme un peu trop farouche ;
La raison n'est raison qu'autant qu'elle nous touche ;
Rien n'est plus fatigant qu'un éternel censeur.
Voilà ce que disoit à l'instant votre sœur.
DAMIS *avec une fureur comprimée, & voilée d'un rire sardonique.*
Ma sœur disoit cela ?
TIMANTE.
     Dans les mêmes paroles.
Elle a même ajouté, qu'il n'est d'autres écoles,

Pour une tendre mere, ayant un bon esprit;
Que le fond de son cœur, où tout se trouve écrit;
Que c'est là son principe & sa regle finale.
Telle est de votre sœur la phrase originale.

DAMIS *de même.*

La phrase de ma sœur?

ARAMINTE.

Oui, j'ai pris cet essor.

LUCRECE.

Elle a même dit plus.

DAMIS *de même.*

Elle a plus dit encor?

LUCRECE.

Elle a dit que sur mer, pour conduire une flotte;
Vous pourriez être habile à choisir un pilote;
Mais qu'un bon Précepteur, au gré de son desir,
Etoit vraiment sur terre autre chose à choisir.

DAMIS *de même.*

Ah! ah!

TIMANTE.

Que d'un vaisseau toujours le Capitaine
Est le maître par qui toute chose s'y mene;
Par la grande raison & la suprême loi,
Qui veulent que chacun soit le maître chez soi.

DAMIS *de même.*

Ma sœur a-t-elle dit quelque autre chose encore?

LUCRECE.

Je ne le crois pas bien.

TIMANTE.

Le reste, je l'ignore.

DAMIS *de même, jusqu'à ce qu'il éclate.*

Eh bien! sur cette mer, dans ce même vaisseau,
Soit que l'onde en courroux s'élevât en monceau,
Soit que calme, immobile, amenant la bonace,
Elle me contraignit à demeurer en place;
Et que la patience alors fût alors sous les cieux,
Ce qu'un sage marin peut rencontrer de mieux,
J'atteste bien qu'alors, en tourmente, en demeure,
Je n'en eus jamais tant que depuis un quart-d'heure!
Corbleu!!!...

ARAMINTE.

Damis! Damis! vos outrageans discours,
Ainsi que vos fureurs, vont reprendre leurs cours;
Mais au premier éclat de votre humeur bourrue,
Je cours me renfermer, & j'en puis être crue.

DAMIS *amèrement*

Là! là! mon Araminte! & n'allez pas d'abord
Vous renfermer chez vous: je revire de bord.
Nous allons vous prouver qu'on n'est pas mal habile

Comédie.

A dompter à propos un mouvement de bile ;
Et que sur le motif qui me conduit ici,
Vous avez pris le change & pris trop de souci.
Ça, voyons ; ne peut-on parler sans amertume ?
Vous avez méprisé, selon votre coutume,
Mes sinceres avis. Ariste est renvoyé ;
Votre esprit en cela ne s'est point fourvoyé :
Vous avez vos raisons qui sont belles & bonnes.
Mon neveu, votre fils, qui s'attache aux personnes
Dont il se sent chéri, secouru, caressé,
Pleure son Précepteur : mais c'est un insensé,
Un enfant, un morveux, qui n'est que ridicule.
Mais vous tête sensée ! & femme qui calcule !
Ce que vous avez fait est donc évidemment
Très-bien, très-beau, très-bon, admirable, charmant !
Loin de vous en blâmer, j'approuve cette affaire,
Et serois très-fâché qu'elle fût à refaire.

ARAMINTE.

Ah ! vous voulez railler ?

DAMIS.

Mon dessein n'est pas tel ;
Je ne suis pas plaisant, moi, de mon naturel.
Or donc, comme les gens dont la vertu fonciere
Fut de briller toujours par la judiciaire,
(Comme vous, par exemple, il faut vous en vanter)
Sont dans les cas pressans, des gens à consulter ;
Sur un cas tout nouveau, qui brusquement m'arrive,
Avant d'entrer chez vous, la date est fraîche & vive ;
De votre part, ma sœur, je voudrois un conseil.

ARAMINTE.

Mais il ne s'est rien vu, je pense, de pareil...
Comment ?... vous seroit-il arrivé quelque chose ?

DAMIS.

En bref, voici le fait. En un lieu, je suppose,
Qui peut m'intéresser, ou j'attache mon cœur,
Deux pendards effrontés, par des coups de longueur,
Trament de mes amis la honte & la ruine.
L'un est un franc coquin ; & l'autre, une coquine :
J'en ai la preuve sûre ; & je voudrois savoir
Ce qu'il me faudra faire au moment de les voir ;
Si ma bouche taira ce que j'en puis connoître,
Ou si je les ferai sauter par la fenêtre.
Qu'en dites-vous, Timante ?

TIMANTE.

Eh !... vous êtes pressant !...

DAMIS.

Vous, Lucrece ?

LUCRECE.

Ceci... devient embarrassant...

K

DAMIS.

Oui, très-embarrassant. Mais un cas difficile,
Il faut le trancher net ; jamais je ne vacille,
C'est mon tic : & je vais, pour sortir d'embarras,
Vous casser à tous deux les jambes & les bras.

(*Il leve la canne.*)

LUCRECE.

Monsieur !

TIMANTE.

Monsieur !

ARAMINTE *arrêtant son frere.*

Mon frere !... êtes-vous en démence ?

DAMIS.

Ah ! couple de fripons !...

ARAMINTE.

De cette véhémence !...

DAMIS.

La lettre du coquin va vous ouvrir les yeux.

LUCRECE *à elle-même.*

La lettre de Timante !

DAMIS.

Et la voici.

TIMANTE *à lui-même.*

Grands dieux !

DAMIS *à sa sœur.*

Lisez, & rougissez jusques au fond de l'ame :
Lisez, & tout du long.

(*Il lui donne la lettre.*)

LUCRECE *voulant se saisir de la lettre, que Damis reprend sur-le-champ.*

Ne lisez pas, Madame !!!

DAMIS *la canne levée, & arrêté par sa sœur.*

Scélérate ! oses-tu ?... corbleu !... Si vous bougez,
L'un & l'autre, à l'instant vous serez submergés.

(*Vers la porte.*)

Que l'on me fasse entrer Ariste, tout-à-l'heure.

ARAMINTE *dans le plus grand étonnement.*

Ariste, dites-vous, est dans cette demeure ?

DAMIS.

Oui ; pour votre bonheur, sans doute, & le voilà.

(*Comme Ariste entre avec Chrisalde, Lucrece & Timante filent sur les côtés, & s'évadent. Araminte, de dépit se jette, le dos tourné, dans un fauteuil.*)

SCENE VII.

ARAMINTE, DAMIS, ARISTE, CHRISALDE.

DAMIS à sa sœur.

Fort bien, prenez un siege, & retranchez-vous là.
Mais lisez, je vous dis, cette lettre effrayante,
A son frere Philiste, écrite par Timante.
Lisez, de la fureur éprouvez le transport.
(*Araminte, aux mots de Philiste & de Timante, prend la lettre & la lit.*)

(*A Ariste & Chrisalde.*)
Nous voilà dans la rade, & bientôt dans le port,
Mes amis. Mon neveu ? qu'il vienne, qu'on le voie.
(*Chrisalde va chercher Alexis.*)

SCENE VIII.

ARAMINTE, DAMIS, ARISTE.

DAMIS.

A votre aspect, mon cher, quelle sera sa joie,
Quel bonheur, cependant, qu'un fortuné hazard
Ait remis en nos mains la lettre du pendard !
Et que, pour nous montrer la trace bonne à suivre,
Il nous ait envoyé l'enveloppe d'un livre !
Le temps nous apprendra comment s'est fait ceci.

(*Au bruit que Chrisalde & Alexis font en entrant, Damis & Ariste s'avancent vers la porte.*)

SCENE DERNIERE.

ARAMINTE, DAMIS, ARISTE, CHRISALDE, ALEXIS.

CHRISALDE.

Le vois-tu ?
 ALEXIS *se précipitant dans les bras d'Ariste.*
  Mon ami ! quoi ! vous êtes ici ?
   ARISTE.
Alexis !
(*Ils restent confondus dans les bras l'un de l'autre, & ensuite Alexis embrasse Chrisalde, &c. &c.*)
ARAMINTE *après avoir lu, avec un cri douloureux & prolongé.*
 Oh ! l'horreur !...

Les Précepteurs, Comédie.

DAMIS *courant à sa sœur.*
      Ah ! reviens à toi-même,
Ma sœur ! embrasse-moi ; je suis ton frère, & t'aime.
Je partage ta peine & ton affliction.
Va, c'en est déjà trop de ta confusion.
Cache-moi cette lettre, abyme d'imposture !
Et s'il vient un flatteur, fais-en vite lecture.

(Il fait un geste de dégoût pour écarter cette lettre & qu'elle soit cachée, & se retourne gaiement vers Alexis.)

Te voilà donc !

ALEXIS *dans les bras de Damis, qui le tourne ensuite vers sa mere.*
    Mon oncle !... Ah ! grand merci, maman !

ARAMINTE *serrant son fils avec force contre son cœur.*
Alexis !... Alexis !...

DAMIS.
      Hé ! l'y voilà... charmant !...
Nous l'avons manqué belle, avec tant de manœuvres.
Où sont-ils, à propos ? où sont ces deux couleuvres ?
Ils ont fui ? c'est très-bien : de leurs pareils & d'eux,
Tout, jusques à la honte, est d'un aspect hideux.
Mais, chut, mes bons amis. La tempête calmée,
Le matelot l'oublie, &, d'une ame charmée,
Au souffle d'un vent frais, il voit rire les flots.
Laissons-là le passé, les méchans, leurs complots ;
Et voyons maintenant ce qui nous reste à faire.
Ariste, la campagne est votre grande affaire ;
Partez donc dès demain : arrivé dans trois jours,
Jettez-moi là votre ancre, & restez-y toujours.
Quand ma sœur voudra voir...

ARAMINTE *se levant.*
      Non, je suis du voyage ;
Je reste avec mon fils ; j'y resterai.

DAMIS.
      Très-sage.

ALEXIS.
Maman vient ! quel plaisir !

DAMIS *à sa sœur.*
    Eh bien ! quelle douceur !
Allons, prends-moi le bras, ma pauvre bonne sœur !
Il est encore pour nous plus d'un bien délectable.
Mais, il est déjà tard, allons nous mettre à table.
 (A Alexis.)
A manger d'appétit soyons très-diligens,
Et trinquons au bonheur, comme les bonnes gens.

F I N.

www.ingramcontent.com/pod-product-compliance
Lightning Source LLC
LaVergne TN
LVHW021000090426
835512LV00009B/1979